논·술·세·계·대·표·문·학

32

데미안

헤르만 헤세 | 김영희 엮음

H 훈민출판사

헤르만 헤세

독일의 바바라 성

The Best World Literature

어린 시절 헤세의 일가 – 왼쪽부터 헤세, 아버지,
여동생, 엄마, 누나, 남동생

헤세의 생가

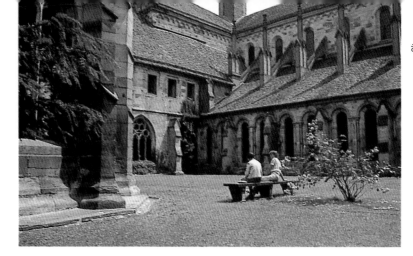
헤세가 다니던 신학교

학창 시절의 헤세(가운데)

데미안의 초판 원고

헤세가 스위스에 망명하여 살던 집

헤세의 친필 원고

독일의 하노버 시청

The Best World Literature

헤세가 근무했던 서점

〈수레바퀴 밑에서〉의 배경이 된 교회

구인환(丘仁煥)

서울대학교 사범대학 졸업. 동 대학원 졸업(문학박사)
서울대학교 명예교수, 소설가(현). 서울대학교 사범대학 국어교육연구소 소장(현)
문학과문학교육연구소 소장(현). 국제펜 한국본부 부회장(현)
한국소설문학상(1987). 예술문화대상(1994). 한국문학상(2000)
작품 〈숨쉬는 영정〉, 〈살아 있는 날들〉, 〈일어서는 산〉 외 다수

- **저서** 《한국단편소설의 이해》, 《한국현대소설의 비평적 성찰》,
    《고교생이 알아야 할 소설》, 《고교생이 알아야 할 세계단편소설》 외 다수

윤병로(尹柄魯)

성균관대학교 국어국문학과 졸업. 동 대학원 졸업(문학박사)
성균관대학교 교수, 문학평론가(현). 한국현대소설학회장(현)
한국문예학술저작권협회 이사(현). 한국간행물윤리위원회 위원(현)
한국펜 문학상(1987). 한국문학상(1988). 대한민국문학상(1989)
수필집 《나의 작은 애인들》 외 다수

- **저서** 《현대 작가론》, 《한국 현대 소설의 탐구》,
    《한국 근대 작가 작품 연구》, 《한국 현대 작가의 문제작 평설》 외 다수

홍성암(洪性岩)

고려대학교 국어국문학과 졸업. 한양대학교 대학원 국어국문학과 졸업(문학박사)
동덕여자대학교 교수, 소설가(현). 한국문인협회 회원(현)
한국소설가협회 이사(현). 국제펜 한국본부 소설분과 이사(현). 한민족 문화학회 회장(현)
창작집 《큰 물로 가는 큰 고기》, 《어떤 귀향》 외
대하역사소설 《남한산성》 (전9권) 외 다수

- **저서** 《문학의 이해》, 《현대 작가론》, 《한국 근대 역사소설 연구》 외 다수

기 획 · 감 수

헤세의 묘

논술 *세계대표문학*을 펴내며

　21세기의 사회는 '**전자 문명 시대**'라 일컬어질 만큼 오늘날 전자 산업은 우리 생활의 거의 모든 분야에 다양하게 응용되고 있습니다. 출판 분야 또한 예외는 아니어서, 종래의 서책(Book) 대신에 이른바 '전자책(CD-ROM)'의 출간이 최근 들어 날로 증가하고 있습니다.

　그러나 이러한 전자책은 영상 또는 모니터상으로 흥미 위주나 백과사전식 지식을 습득하는 데는 효과적일지 모르지만, 문학 공부를 위해서는 별로 도움이 되지 않습니다. 바꾸어 말하면, 문학 공부는 각 지면마다 살아 숨쉬는 표현 하나하나를 독자 자신의 머리로 음미하면서 작품을 읽어 나가는 가운데, 풍부한 상상력의 배양과 함께 작가의 의도와 그 작품의 내면을 깊이 있게 이해함으로써 이루어지는 것입니다.

　이에 훈민출판사에서는, 자라나는 학생들이 범람하는 영상 매체에 길들여지기 전에, 어려서부터 유명한 세계문학 작품들을 책자를 통하여 감명 깊게 읽고 감상함으로써, 올바른 문학 공부의 기틀을 다지고, 아울러 전인 교육도 할 수 있도록 《논술 세계대표문학(전60권)》을 펴내게 되었습니다.

　작품 선정은, 초·중·고등학교 국어 교과서와 역사 교과서에 실리거나 소개된 문학 작품을 중심으로 하되, 그리스 신화와 성경 이야기 등의 고전에서부터 중세·근대·현대에 이르기까지 세르반테스·세익스피어·톨스토이 등 세계 유명 작가들의 장·단편 소설들을 엄선·수록하였습니다. 또 세계의 명시도 별권으로 엮었으며, 특히 각 단락마다 '**논술 문제**'를 제시하여, 장차 대학입시를 비롯한 각종 '논술 고사'에 예비 지식을 쌓을 수 있도록 배려하였습니다. 아무쪼록, 이 《논술 세계대표문학(전60권)》이 자라나는 학생들에게 문학 공부의 주춧돌이 되고, 나아가 미래를 살아가는 데 **정신적 자양분**이 되기를 진심으로 바라 마지않습니다.

훈민출판사

차례

데 미 안

헤 세

지은이

1877~1962년. 독일 슈바르츠발트에서 출생. 1891년 신학교에 입학했지만, 기숙사 생활의 엄격함을 견디지 못하고 그곳을 탈주했다. 그 후 고등학교에 들어갔으나 1년도 못 되어 퇴학당한 뒤, 칼프의 시계공장에서 일하며 문학수업을 시작했다. 1899년 시집 《낭만적인 노래》와 산문집 《자정 이후의 한 시간》을 출판하였으며, 1904년에 〈페터 카멘친트〉를 써서 작가적 명성을 얻게 되었다. 주요 작품으로는 〈수레바퀴 밑에서〉, 〈크눌프〉, 〈싯다르타〉 등 자의식이 강하게 드러난 작품들이 많으며, 미래소설 〈유리알유희〉로 노벨 문학상을 수상하기도 했다.

데 미 안

두 개의 세계

이 이야기는 내가 열 살 때, 고향의 작은 마을에 있던 라틴 어 학교에 다니던 시절의 경험으로부터 시작됩니다.

그 때 생각을 하면, 온갖 냄새가 밴 슬픔과 달콤한 추억들로 내 마음이 흔들리곤 합니다. 음침한 골목의 밝은 집들과 탑, 시계종이 울리는 소리와 온갖 사람들의 얼굴, 따뜻한 분위기와 기분 좋은 방들, 혹은 당장에라도 유령이 나올 것 같은 신비에 싸인 방들, 그리고 사람의 훈기와 집토끼나 하녀들의 체취, 상비약과 말린 과일 냄새가 섞여 나던 그 무렵의 일들이 생생하게 떠올라서입니다.

그 당시 나에게는 두 개의 세계가 뒤섞여 있었으며, 그 두 개의 세계로부터 내 세계의 낮과 밤이 생겨났습니다.

그 하나는 아버지의 집이었습니다. 이 세계는 우리 부모님만으로 이루어져 있는 세계로서 내가 아주 잘 알고 있는 세계입니다. 그것은 아주 따뜻한 세계로, 아버지와 어머니, 사랑과 엄격함, 모범과 학교로 불릴 수 있는 세계였습니다.

이 세계에는 부드러운 빛, 밝음과 깨끗함이 있었으며, 정다운 이야기와 씻은 손과 깨끗한 옷, 그리고 훌륭한 예절이 있었습니다. 매일 아침 찬미가가 불려졌고, 크리스마스를 축하하는 이 세계에는 밝은 미래를 향한 곧은 길이 있었으며, 옳지 못한 생각의 고해와 너그러운 용서, 의무와 책임, 사랑과 존경, 성경의 말씀과 지혜가 있었습니다.

밝고 깨끗하며 아름답고 질서 있는 삶을 위해서는 이 세계에 머물러 있어야 했습니다.

그리고 또 하나의 다른 세계가 있었습니다. 그것 역시 우리 집 안에서 시작되고 있었으나, 그것은 아버지의 세계와는 아주 달랐습니다. 그 세계는 아주 색다른 냄새가 났으며, 말투도 달랐고, 약속이나 요구도 달랐습니다.

이 세계 속에는 하녀와 직공과 유령에 대한 이야기와, 소문으로 떠도는 추문들이 있었습니다. 거기에는 도살장, 교도소, 주정꾼, 욕지거리하는 아낙네와 새끼를 낳는 암소, 쓰러진 말, 강도, 살인과 자살의 이야기 같은 괴상하지만 유혹적이며, 무섭지만 수수께끼같이 흥미로운 숱한 일들이 홍수를 이루고 있었습니다.

이 모든 끔찍하고 야만적이며 참혹한 일들은 바로 우리 주위의 가까운 골목에서, 이웃집에서 일어났습니다. 순경과 부랑자는 서로 쫓고 쫓기고 있었으며, 주정꾼은 자기 마누라를 때리고 있었습니다. 저녁때면 젊은 처녀들의 무리가 공장에서 쏟아져 나오고 있었고, 노파들은 사람에게 마술을 걸어 병에 걸리게 했으며, 도적들은 숲에서 살았고, 방화자는 수렵장지기에게 체포되고 있었습니다.

이 자극적인 두 번째 세계는 사방에서 그 모습을 드러냈으며, 고약한 냄새를 풍겼습니다.

그나마도 다행인 것은 이 자극적인 세계가 아버지와 어머니가 사시는 곳에는 영향을 주지 않았다는 사실입니다. 이것은 참으로 고마운 일이었습니다.

여기, 우리 집에 평화와 질서와 휴식이 있다는 것은, 그리고 의무와

선량한 양심, 용서와 사랑이 있다는 것은 멋진 일이었습니다. 그러면서
도 이런 다른 것들, 소란과 암흑과 폭력이 존재한다는 것 또한 멋지기
는 마찬가지였습니다.

왜냐하면, 그 어두운 세계 역시 매력적이었으며, 그 곳을 기웃거리다
가도 난 언제든지 거기에서 빠져 나와 어머니의 품으로 도망칠 수가 있
었기 때문입니다.

그리고 가장 신기한 일은 이 두 세계가 서로 가까이에 붙어 있다는
점입니다.

이를테면 우리 집 하녀 리나는 저녁 기도 시간 때면 문간 옆방에 앉
아, 매끈하게 다린 앞치마 위에 깨끗이 씻은 두 손을 가지런히 놓고 맑
은 목소리로 노래를 같이 부릅니다. 그럴 때의 그녀는 아버지와 어머니
의 밝고 옳은 세계에 완전히 속해 있었습니다.

그러나 기도가 끝나고 난 후, 부엌이나 마구간에서 내게 머리 없는
사나이에 관한 이야기를 해 줄 때나 푸줏간 옆의 작은 가게에서 이웃
여인네와 싸움을 할 때면, 그 여자는 완전히 딴사람이 되었고, 딴 세계
에 속했습니다.

모든 것이 그랬습니다. 그렇기로 말하자면, 나 자신이 가장 그랬는지
도 모르겠습니다.

확실히 나는 밝고 옳은 세계에 속해 있었고, 올바른 내 부모님의 아
이였지만, 나의 눈과 귀가 향하는 곳은 언제나 다른 세계로서, 때로 그
것은 내게 낯설고 기분 나쁜 것이기도 했습니다.

사람들은 이럴 때 대부분 양심의 가책과 불안을 느낍니다. 나 역시도
그랬습니다. 그러나 나는 때때로 이 금지된 세계 속에 사는 것을 아주
좋아하기까지 했으며, 오히려 가끔은 밝은 곳으로 돌아오는 것이 아름

답지 못하고, 권태로우며, 황량한 것처럼 느껴지기도 했습니다.

나는 내 인생의 목표를 잘 알고 있었습니다. 그것은 아버지나 어머니처럼 되는 것입니다. 밝고 순수하며 질서정연한 삶 말입니다.

그러나 거기에 이르는 길은 멀었고, 거기까지 이르려면 학교에 다니며 공부하고 시험을 치러야 했습니다. 그리고 그 길은 항상 다른 어두운 세계를 통해 지나가야 했습니다.

사람들은 흔히 그 터널과 같은 어두운 세계를 다 통과하기도 전에 그 세계에 주저앉곤 하는데, 이런 것을 경험한 탕아들의 이야기가 나의 눈길을 끌었습니다. 그리고 그런 종류의 이야기에서의 집 나간 아들은 항상 아버지에게 돌아와 구원을 받곤 했기 때문에, 내게는 이것만이 올바르고 선한 것이라고 생각하게 되었습니다.

그러나 탕아의 이야기에서 가장 흥미로웠던 것은 악한 자와 탕아들 사이에서 전개되는 부분이었습니다. 솔직히 말하자면 탕아가 참회하고 다시 구원받는다는 것은 때로 무척 유감스럽게 생각되기도 했습니다.

하지만 나는 사람들에게 그런 생각을 말하지 않았고, 말하고 싶지도 않았습니다. 다만, 내 감정 밑바닥에 하나의 예감으로서 이러한 생각을 깔아 놓을 뿐이었습니다. 악마를 상상해 볼 때면 그것이 변장을 했건 안 했건 간에, 나는 당연히 그놈을 상가나 시장, 또는 음식점에나 있는 것으로 생각했지, 우리 집에 있다고는 절대로 생각해 본 적이 없었습니다.

나의 누나들도 역시 밝은 세계에 살고 있었습니다.

나의 누나들은 근본적으로 나보다 더 아버지와 어머니에 가까이 있었고, 나보다 더 선량했으며, 예절바르고 결점이 적었습니다. 그들에게도 결점과 나쁜 버릇이 없지는 않았으나, 그렇게 심각한 것은 아니어서, 때때로 악한 자와의 접촉으로 매우 고통스럽게 어둠의 세계에 있던 나와는 아주 달랐습니다.

누나들은 부모님과 마찬가지로 사랑과 존경을 받을 만했습니다. 그리고 누가 그들과 싸움을 했다면, 그 사람들은 나중에 자기가 나빴다고 용서를 빌어야 했습니다.

왜냐하면, 누나들을 모욕한다는 것은 부모님이나 선한 것, 또는 율법을 모욕하는 것과도 같았기 때문입니다.

그러나 나는 밝은 세계의 누나들보다는, 어두운 세계의 타락한 아이들과 나눌 수 있는 비밀이 더 많았습니다.

날씨가 맑고 양심이 흐려지지 않는 날에는 누나들과 놀며, 선량하고 얌전한 그들과 같이 있으면서 나 자신을 훌륭하고 고귀한 빛 속에서 발견하곤 했습니다.

그러나 이런 시간과 날을 내 생애에서 찾아보기란 얼마나 힘든 일인지!

때때로 나는 착하고 악의 없는 놀이를 하면서도, 열정과 격한 감정에 사로잡혀 분노한 나머지 굉장한 욕설을 퍼부으면서 누나들을 괴롭히곤 했습니다.

그러고 나면 곧 후회와 한탄의 시간이 닥쳐오고, 용서를 비는 괴로운 순간이 찾아왔습니다. 그리고 나의 죄가 사하여지면, 다시금 밝은 빛과 조용하고 고마운 행복이 잠시, 혹은 몇 시간 동안 찾아오는 것이었습니다.

나는 라틴 어 학교에 다니고 있었습니다. 시장의 아들, 산림관의 아들이 우리 학급에 있었는데, 그들은 때때로 우리 집에 놀러 왔습니다. 그들은 좀 거칠었지만 착하고 밝은 세계에 속하는 아이들이었습니다.

나는 이런 선한 세계의 친구들도 있었지만, 또 동시에 우리가 늘 멸시하던 이웃 소년들인 초등학교 아이들과도 가까이 지내고 있었습니다.
　나의 본격적인 이야기는 이들 중의 한 명과 관련하여 시작됩니다.

　내가 열 살이 넘지 않았던 무렵이었습니다,
　어느 수업이 없는 오후, 나는 이웃의 두 소년과 여기저기를 쏘다니고 있었습니다. 그 때 우리보다 더 키도 크고, 힘도 세며, 거칠게 생긴 열세 살쯤 되어 보이는 양복점 아들이 우리에게 다가왔습니다.
　그의 아버지는 술주정꾼이었고, 집안의 평판도 좋지 못했습니다. 그의 이름은 프란츠 클로머였는데, 나는 그를 잘 알고 있었습니다.
　나는 그를 두려워했기 때문에, 그를 만났을 때 기분이 좋지 않았습니다. 그는 벌써 어른 티를 냈고, 젊은 직공의 걸음걸이와 말투를 흉내내고 있었습니다
　"야! 너희들, 날 따라와!"
　우리는 그의 명령에 따라 다리 옆 강둑으로 내려갔으며, 사람들이 볼까 봐 첫 번째 다리 기둥 옆에 숨었습니다.
　아치형 다리 벽과 완만하게 흐르는 강물 사이에 있는 좁은 강둑에는 쓰레기가 많았습니다. 유리 조각이며 잡다한 고물, 넝마, 녹슨 철사줄이 뒤엉킨 뭉치, 그밖에 다른 지저분한 것들이 많았는데, 그 중에는 가끔 쓸 만한 물건도 있었습니다.
　우리는 클로머의 지휘 아래 그 지역을 샅샅이 뒤져 보고, 우리가 발견한 것을 그에게 가져다 바쳐야 했습니다. 그러면 그는 그것을 받아 넣거나 강물에 내던졌습니다.
　"야, 자식들아, 돈이 될 만한 걸 찾아오란 말야!"
　그는 우리에게 납이나 놋쇠, 아연으로 된 물건이 있는가를 주의해서 보라고 명령했습니다.

나는 그의 무리 속에 끼여 있는 것이 꺼림칙했습니다. 아버지가 아신다면 혼날 것이라는 생각에서가 아니라, 클로머 그 애 자체에 대해 불안을 느꼈기 때문입니다.

그렇지만 한편으로는, 그가 나를 그의 무리에 끼게 해 주고, 다른 애들과 같이 취급해 주는 것이 기쁘기도 했습니다. 내가 그와 함께 있기는 이것이 처음이었습니다.

그는 명령했고, 그것이 이미 오래된 관습인 듯 우리는 명령에 복종했습니다.

우리는 더 이상 신통한 물건이 나오지 않게 되어서야 바닥에 앉을 수 있었습니다. 클로머는 이 사이로 침을 내뱉어 목표한 곳에 적중시켰는데, 그 모습은 마치 어른과 같았습니다.

곧 이야기가 시작되자, 아이들은 자기가 얼마나 용기 있고 또 얼마나 짓궂은 장난을 많이 쳤는지 무용담들을 늘어놓았습니다.

나는 잠자코 있었지만, 나의 침묵이 눈에 띄어 클로머가 화를 내지나 않을까 두려웠습니다.

나는 그들 속에서는 이방인이었습니다. 나는 나의 옷차림과 행동이 그들과는 아주 다르다는 것을 느낄 수 있었습니다. 클로머가 라틴 어학교 학생이며 양갓집 자식인 나를 좋아할 리가 없었고, 다른 아이들도 때가 되면 곧 나를 따돌릴 것을 나는 알고 있었습니다.

드디어 나도 불안스러워진 나머지 이야기를 시작했습니다.

나는 어마어마한 도둑의 이야기를 꾸며 내어, 나를 주인공으로 만들었습니다.

모퉁이 물방앗간 옆에 있는 과수원에서 나는 동급생들과 보통 사과가 아닌, 황금빛 나는 최고의 품종을 훔쳤다고 말했습니다.

나는 순간적으로 위험을 느끼고, 이야기 속으로 도피한 것입니다. 다

행히 이야기가 잘 풀리고, 말도 술술 흘러나왔습니다. 혹시 이야기가 빨리 끝나 더욱 곤란한 처지가 될까 봐, 나는 온갖 노력을 기울였습니다.

"한 놈이 나무에 올라가 사과를 사방에 던지는 동안 한 놈은 계속 망을 봐야 했어. 사과를 어찌나 많이 땄는지, 나중에는 부대가 너무 무거워서 결국 반을 쏟고, 나머지는 반 시간 뒤에 다시 와서 가져가야 했다고!"

나는 내 이야기가 끝났을 때 박수라도 쳐 주리라 기대했으며, 마지막엔 열이 올라 이야기에 스스로 도취되었습니다.

두 아이는 클로머의 눈치를 보며 침묵하고 있었으나, 클로머는 간계에 찬 실눈으로 나를 뚫어져라 쳐다보더니, 위협하는 듯한 목소리로 물었습니다.

"정말이냐?"

"물론이지."

나는 말했습니다.

"정말 사실이란 말이지?"

"물론, 사실이야."

속으로는 불안에 짓눌려 있으면서도, 나는 고집스럽게 단언했습니다.

"맹세할 수 있어?"

나는 좀 겁이 났지만 곧 대답했습니다.

"응."

"그렇다면 하느님께 맹세해!"

"하느님께 맹세합니다!"

나는 큰 소리로 맹세했습니다.

"좋아."

클로머는 얼굴을 돌렸습니다.

나는 이것으로 다 잘 되었다고 생각했으며, 그가 곧 일어나 집으로 향하자 무척 기뻐했습니다. 그리고 우리가 다리 위에 다다르자, 나는 겁먹은 듯이 말했습니다.

"나, 이제 집에 가야 되는데……."

"그렇게 서두를 필요 없어."

클로머는 웃으며 덧붙였습니다.

"우리 둘이 같은 방향이잖아?"

그는 천천히 건들거리며 계속 걸었고, 나는 감히 도망치지 못하고 있었습니다. 그는 우리 집 쪽을 향하여 걷고 있었습니다.

드디어 우리 집앞에 이르러 문들과 뭉툭한 놋쇠 손잡이들, 창문에 비친 햇살과 어머니 방의 커튼을 보았을 때, 나는 안도의 한숨을 내쉬었습니다.

'아, 돌아왔구나! 집으로, 밝은 세계로, 티 없이 평화로운 세계로 돌아왔구나!'

그런데 내가 재빨리 안으로 들어가 문을 닫으려 할 때, 클로머가 후닥닥 뛰어들었습니다. 한 줄기 광선이 비치고 있을 뿐인 차갑고 어둠침침한 타일 복도에서 그는 내 팔을 붙들고 작은 소리로 말했습니다.

"야, 그렇게 서둘지 말라니까!"

나는 놀라서 그를 쳐다보았습니다. 내 팔을 움켜잡고 있는 손이 쇠처럼 단단했습니다. 나는 순간적으로 이런 생각이 들었습니다.

'클로머는 지금 뭘 생각하고 있을까, 혹시 날 괴롭히려는 것은 아닐까? 내가 지금 크게 소리친다면, 나를 구하기 위해 누가 나올까? 저 위층에서 빨리 누가 좀 내려왔으면…….'

그러나 나는 곧 그것을 포기했습니다.

"왜? 왜 그러는데?"

나는 조심스럽게 물었습니다.

"아무것도 아냐. 단지 네게 뭘 좀 물어 볼 게 있어서. 다른 놈들이 들을 필요는 없지."

"그래? 좋아. 뭘 알고 싶은데? 난, 이제 올라가야 돼."

"너, 알고 있겠지? 물방앗간의 모퉁이 과수원이 누구네 것인지."

"몰라, 난 모른단 말야. 글쎄, 물방앗간 집 것이겠지, 뭐."

"뭐라고?"

클로머가 한쪽 팔로 나를 휘어 감아 확 끌어당겼기 때문에 나는 바로 코앞에서 그의 얼굴을 바라봐야만 했습니다.

그의 눈은 악해 보였고, 야비한 미소를 띤 그의 얼굴은 잔인성과 힘으로 충만해 있었습니다.

"임마, 그것이 누구네 것인지 분명히 말해 주지. 나는 벌써 오래 전에 사과를 도둑맞았다는 얘기를 들었어. 그리고 주인이 사과를 훔쳐 간 사람을 말해 주는 사람에게는 2마르크를 주겠다고 한 것도 알고 있단 말야!"

"뭐, 뭐라고? 설마 그에게 일러바치려는 건 아니겠지?"

나는 그의 명예심에 호소해 보았지만, 그것이 아무 소용 없으리라는 것을 느꼈습니다.

그는 다른 세계에 속해 있었으며, 그에게 있어서 배반이라는 것이 죄라고 느껴질 리 없다는 것을 알고 있었기 때문입니다.

이런 일에 있어서 '다른' 세계의 사람들은 우리들과 같지 않았습니다.

"말하지 않는다고? 이봐! 너는 내가 화폐 위조라도 해서 2마르크를 만들어 낼 수 있다고 생각하니? 난 가난한 놈이야, 너처럼 부자 아버지를 갖지 못했다고! 2마르크를 벌 수만 있다면 어떤 수단을 써서라도 벌어야 된단 말야! 어쩌면 주인은 더 많이 줄지도 모르지."

그는 갑자기 나를 놓아 주었습니다.

이제 우리 집 복도는 더 이상 평화와 안전의 냄새를 풍기지 않았고, 온 세계가 내 주위에서 무너져 내렸습니다.

'녀석은 날 일러바칠 테지. 아버지도 알게 되고, 어쩌면 경찰도 올지 몰라!'

모든 무질서의 공포가 나를 위협했고, 모든 흉측스럽고 위험스러운 일들이 나에게 몰려들었습니다. 내가 도둑질을 하지 않았다는 것은 전혀 중요하지가 않았습니다. 나는 맹세까지 했던 것입니다.

'하느님이시여! 하느님이시여!'

눈물이 나왔습니다. 나는 어떤 대가를 치르더라도 거기서 벗어나고 싶다고 느껴, 절망적으로 나의 주머니를 뒤져 보았습니다. 그러나 사과도, 주머니칼도 없었습니다.

그 때 갑자기 시계 생각이 났습니다. 낡은 시계였는데 가지는 않지만 그저 늘 지니고 있는 것으로, 할머니가 주신 것이었습니다. 나는 그것을 재빨리 꺼냈습니다.

"클로머, 이르지 마. 이른다고 네게 좋을 것도 없잖아. 내 시계를 줄게, 여기 있어. 미안하지만 이것밖엔 없어. 은으로 만든 거야. 고급 시계긴 한데, 조금 고장이 났으니 고쳐야 돼."

그는 엷은 웃음을 띠면서 시계를 커다란 손으로 받았습니다.

나는 그 손을 보며, 그 손이 얼마나 나에게 난폭하고 적의에 찬 것인가를 느꼈습니다. 그리고 그 손은 이제 내 생애와 평화를 억세게 움켜잡으려 하고 있는 것입니다.

"은으로 된 거야."

나는 쭈뼛거리며 말했습니다.

"은 같은 건 문제가 안 돼. 그리고 이런 고물딱지 같은 시계는 관심도

없어! 너나 고쳐 쓰시지."

클로머는 경멸조로 말했습니다.

나는 그가 달아날까 봐 불안에 떨면서 외쳤습니다.

"하지만, 클로머……. 잠깐만 기다려 줘. 시계를 제발 받아 줘. 이건 은이란 말이야, 정말이야. 갖고 있는 게 없어서 그래."

그는 나를 차가운 멸시의 눈초리로 바라보았습니다.

"넌 내가 이 길로 누구에게 갈 건지 알지? 음……. 아니면, 함께 경찰서로 갈까?"

그는 정원을 향해 몸을 돌렸습니다.

나는 뒤에서 그의 소매를 잡았습니다. 그가 그렇게 사라진 후에 닥칠 일을 겪느니 차라리 죽는 편이 나을 것 같았습니다.

나는 흥분해서 목이 쉰 소리로 간청했습니다.

"클로머……. 그런 어리석은 일은 제발 그만둬, 응? 그냥 한번 해 본 소리지?"

"물론, 그냥 한번 해 본 소리야. 그렇지만 넌 값비싼 대가를 치러야 할걸?"

"제발 내가 어떻게 해야 하는지 말해 줘, 뭐든지 다 할게."

그는 간악한 눈을 뜨고 나를 살펴보며 웃었습니다.

"바보같이 좀 굴지 마! 너도 잘 알겠지만, 나는 2마르크를 벌 수 있어. 네가 알다시피 나는 그걸 마다할 만큼 부자가 아니란 말야. 그렇지만 넌 부자야. 시계까지 있잖아. 나에게 2마르크만 갖다 주면 돼!"

그는 마음 좋은 체하며 말했습니다.

나는 그의 뜻을 알 수 있었습니다. 그러나 2마르크! 그것은 나에게 있어서 십 마르크나 백 마르크 또는 천 마르크와 다를 바 없는, 내가 도저히 구할 수 없는 금액이었습니다.

나는 돈이 없었습니다. 어머니 방에는 벙어리 저금통이 있고, 거기에는 아저씨가 오셨을 때나, 그와 비슷한 이유로 생긴 10페니히와 50페니히짜리가 몇 개 들어 있을 뿐이었습니다. 그 밖에 내가 가진 돈이라곤 하나도 없었습니다. 나는 아직 어려 용돈도 받지 못했습니다.

나는 슬프게 말했습니다.

"나는 돈이 없는걸. 정말 돈이 없어. 그러나 그 밖의 것은 뭐든지 줄게. 나는 인디언 책과, 병정, 컴퍼스를 갖고 있어. 그거 모두를 줄게."

클로머는 건방지고 심술궂어 보이는 입을 씰룩거리더니, 땅바닥에 침을 탁 뱉으며 명령하듯 말했습니다.

"웃기는 소리 하지 마! 그따위 넝마 쪼가리 같은 건 너나 가져. 뭐, 컴퍼스? 내 비위, 더 거스르지 마. 알아들었어? 돈을 내놓으란 말야, 돈!"

"그렇지만 난 돈이 한 푼도 없어. 또 돈을 얻을 수도 없어. 그러니 나더러 어떡하란 말야?"

"어쨌든, 내일 2마르크를 가져와. 방과 후에 저 아래 시장에서 기다리겠다. 알았어? 만약 돈을 갖고 오지 않으면…… 알지?"

"그렇지만 내일 당장 어디서 그 돈을 다 구해? 만약 돈을 구하지 못하면?"

"! 그건 네 사정이야. 너의 집에는 돈이 얼마든지 있잖아 그럼, 내일 학교 수업이 끝난 뒤에 보자고. 분명히 말하겠는데, 만약 안 가지고 오면……."

그는 무서운 눈빛으로 나를 노려보더니, 다시 한 번 침을 뱉고는 그림자처럼 사라졌습니다.

나는 이층으로 올라갈 용기가 없었습니다. 이제 나의 생활은 산산이 파괴되었습니다.

'어디로 도망쳐 버릴까? 그냥 물에 탁 빠져 죽을까?'

나는 별별 생각을 다 했습니다. 그렇지만 구체적인 생각은 떠오르지 않았습니다.

나는 계단 위에 웅크리고 앉아, 불행에 몸을 맡긴 채 어둠 속에 있었습니다. 하녀인 리나가 바구니를 들고 장작을 가지러 왔다가 울고 있는 나를 발견했습니다.

"어머, 도련님! 여기서 뭘 하고 있어요?"

"리나, 제발 부탁인데, 식구들한테 아무 말도 말아 줘, 응?"

나는 리나에게 간곡히 부탁하고는 이층으로 올라갔습니다.

유리문 오른편에 걸려 있는 아버지의 모자와 어머니의 양산을 보자 갑자기 서러움이 복받쳤습니다. 나는 탕아가 옛 고향집의 냄새를 맡을 때처럼 그 물건들을 바라보았습니다.

이제 그 모든 것은 이미 나에게 속해 있지 않았고, 저 만치 떨어진 아버지와 어머니의 밝은 세계일 뿐이었습니다.

나는 깊은 죄에 빠져 낯선 물결 속으로 가라앉고 있었고, 모험과 죄 속에 휘말려 적에 의해 위협을 받고 있었으며, 곧 닥칠 위험과 불안과 치욕스러움이 나를 기다리고 있었습니다. 모자와 양산, 고급스러운 모래로 된 바닥, 복도에 걸려 있는 커다란 그림, 안방에서 들려오는 나이 든 누나들의 목소리, 이 모든 것은 어느 때보다도 더욱 사랑스럽고 부드러우며 정다웠으나, 더 이상 내게 아무런 위안이 되지 못했습니다.

그것은 비난일 뿐이었습니다. 이 모든 것은 더 이상 나의 것이 아니었고, 나는 이제 그것의 명랑함과 평온함에 참여할 수 없었습니다.

나는 지금까지 많은 비밀을 가지고 있었으며, 그 중에는 마음에 걸리는 두려운 비밀도 있었습니다. 그러나 그런 것은 지금 내가 이 방에 가지고 들어온 것에 비하면 모두 어린애 장난에 불과했습니다.

이러한 불행 앞에선 어머니라도 나를 보호할 수 없었으며, 무엇인지 알 수도 없는 존재가 잔혹한 운명의 손길을 나에게 내밀고 있었습니다.

나는 하느님께 맹세까지 했던 것입니다! 그로써 나의 죄는 도둑질이건 거짓말이건 간에 그것으로 그치는 것이 아니었습니다. 나는 악마와 손을 잡은 것이었습니다.

'왜 나는 아버지의 말씀보다도 더 순순히 클로머의 말에 복종했던 것일까? 왜 나는 도둑의 이야기를 꾸며 냈던 것일까? 왜 나는 마치 영웅적 행위이기라도 한 듯이 그런 범죄를 뽐냈던가? 지금 악마가 내 손을 잡았고, 원수가 내 뒤에서 이쪽으로 오고 있다.'

나는 내일에 대한 공포보다도 나의 인생이 저 어둠 속으로 추락하고 있다는 무시무시한 확신에 더 두려움을 느꼈습니다.

나는 지금의 잘못에 이어 새로운 잘못이 따르리라는 것, 나의 부모님과 누나들에게 하는 인사와 키스는 이제 거짓이라는 것, 또 이제 나는 나의 내부에 숨어 있는 운명과 비밀을 분명하게 보았던 것입니다.

그러나 다시 아버지의 모자를 보았을 때, 신뢰와 희망이 내 마음속에서 솟아올랐습니다. 나는 아버지에게 모든 것을 죄다 고백하고 아버지가 내리는 벌을 받아들여, 아버지를 나의 구원자로 삼으리라고 생각했습니다. 그러나 그것은 단지 내가 가끔씩 해왔던 하나의 속죄의식에 불과했습니다.

그것은 내게 감미롭게, 유혹적으로 울려왔지만 아무 소용이 없었습니다.

왜냐하면, 나는 그렇게 하지 않으리라는 것을 너무나 잘 알고 있었기 때문입니다. 나는 비밀을 가졌으며, 나 혼자만이 해결해야 하는 죄를 갖고 있음을 알고 있었던 것입니다.

나는 지금까지는 선과 악의 기로에 서 있었으나, 이 시간부터는 영원히 악의 세계에 속하게 되었으며, 악한 자들과 비밀을 나누고, 그들에게 복종해야 했습니다.

나는 언제나 어른들이나 영웅처럼 행세하고 싶어했으며, 지금 그런 행세에서 나온 책임을 지지 않으면 안 되었습니다.

나는 안으로 들어갔습니다. 그 때 아버지의 잔소리가 들렸습니다.

"신발이 그게 뭐냐! 왜 그렇게 지저분한 꼴로 다니는 거냐!"

나는 아버지가 내 젖은 신발에 대해 야단치시는 것이 오히려 마음 편했습니다. 나의 얕은 죄로써 더 깊은 죄에 대한 것을 감출 수 있었기에, 나는 아버지의 비난이 아무렇지도 않았습니다.

그 때 유별나게 새로운 감정이 내 마음속에서 솟구쳤는데, 그것은 갈고리같이 악하고 예리한 감정이었습니다. 나는 아버지에게 우월감을 느끼고 있었던 것입니다.

젖은 신발에 대한 아버지의 꾸중은 나에겐 사소한 일이었고, 아버지가 나의 깊은 죄에 대해 아무것도 알지 못하는 것에 일종의 경멸감을 느꼈던 것입니다.

'만약 아버지가 이 사실을 아신다면!'

나는 자신이 살인했음을 고백해야 되는데, 훔친 빵을 갖고 신문당하는 범죄자처럼 생각되었습니다. 그것은 분명 저주스럽고 좋지 않은 감정이었으나, 강하고 큰 매력으로 다가왔습니다. 그것은 다른 어떤 생각보다도 나를 비밀과 죄에 더욱 단단히 묶어 놓고 있었습니다.

'아마 지금쯤 녀석은 경찰에 일러바쳤을 테지?'

머릿속은 마치 폭풍우가 지나가는 듯했습니다.

이 사건이야말로 내 이야기 중에서 가장 중요하고, 뒷날까지 영향을 미치는 일이었습니다.

　이것은 성스러운 아버지의 세계에서 생긴 최초의 틈이었고, 나의 어린 시절이 의지하고 있던 기둥에 찍힌 최초의 칼자국이었습니다. 그런 기둥은, 모든 인간이 자기 자신이 되기 위해서는 먼저 파괴당하지 않으면 안 되는 것으로, 처음 겪어 보는 이러한 경험으로부터 우리들 운명의 근본적인 선이 이루어지는 것입니다.

　그런 칼자국과 틈은 겉으로 보면 아물어 곧 잊혀지는 듯 보이지만, 사실은 아무도 모르는 비밀의 방에서 계속 피를 흘리고 있습니다.

　나 자신은 곧 새로운 감정에 대해 공포를 느꼈고, 아버지께 사죄하기 위해서 그의 발밑에 엎드려 키스하고 싶었습니다. 그러나 본질적인 것은 사과로써 끝나는 것이 아니라는 것을 어린애들은 모든 현인들처럼 알고 있습니다.

　나는 그날 밤 내내 우리 집 거실의 변한 공기에 익숙해지기 위해 노력해야 했습니다. 정든 벽시계와 책장, 성경과 거울, 책꽂이와 벽화는 마치 나에게 이별을 고하는 것 같았습니다.

　나는 얼어붙는 듯한 심장을 가지고 나의 밝음의 세계와, 훌륭하고 행복했던 생애가 과거의 것이 되고, 나에게서 분리되어 나가는 것을 보고 있어야만 했습니다.

　드디어 침대에 눕게 되었을 때 나는 기쁨을 느꼈습니다.

　그러나 침대에 눕기 전에 가족과의 기도라는 지옥불이 내게 선사되었습니다. 그리고 기도 후 내가 가장 좋아하는 찬송가를 불러야 했습니다. 아, 나는 같이 노래부르지 않았습니다. 모든 음조는 나에게 있어서 독이었습니다.

　아버지가 축복을 하고 '우리 모두와 함께 계시옵소서.'로 끝을 맺었을 때, 나는 그들과 함께 기도하지 않았으며, 그 때 하나의 경련이 우리가족으로부터 나를 멀리 떼어 놓았습니다.

은총이 크신 신은 그들 모두와 함께 있었으나 나와는 더 이상 함께 있지 않았습니다. 차갑고 깊은 피곤을 느끼며 나는 밖으로 밀려나왔습니다.

침대에 누워 있는 동안에는 따뜻함과 안도감이 나를 감싸 주었으나, 나의 마음은 다시 불안 속에서 부나비처럼 떠돌았습니다.

어머니는 언제나처럼 나에게 밤 인사를 했습니다. 어머니가 방을 나가신 후에도 발소리는 아직 내 방 안에 남아 있었으며, 어머니가 들고 있는 촛불의 환한 빛은 아직 문틈으로 스며들고 있었습니다. 금방이라도 어머니가 되돌아올 것같이 느껴졌습니다.

'이제 엄마가 다시 들어오시겠지. 엄마는 벌써 다 알고 계실 거야. 나에게 키스를 해 주며, 부드럽게 물으실 테지. 나는 울음을 참을 수 없을 테고, 난 울면서 엄마를 껴안고 모든 사실을 말하겠어. 그러면 만사는 해결되고, 난 구원을 받을 수 있을 거야!'

나는 어머니가 되돌아오시는지 귀를 기울이며 그렇게 되어야 한다고 생각하고 있었습니다. 그러나 문틈의 불빛은 사라져 버렸습니다.

그러자 다시 클로머의 모습이 나타났습니다. 한쪽 눈을 사악하게 뜨고, 입은 거칠게 웃고 있었습니다. 그를 바라보면서 마음속에 그 피할 수 없는 일을 되씹고 있는 동안에, 그는 더욱 커지고 더욱 증오스러워졌으며, 그의 눈은 악마처럼 빛났습니다.

그는 내가 잠들 때까지 내 옆에 꼭 달라붙어 있었습니다. 그러나 나는 그에 관한 꿈도, 오늘 일에 관한 꿈도 꾸지 않았습니다.

나는 가족들과 함께 보트를 타고 여행하는 꿈을 꾸었는데, 거기에는 휴일의 평화와 광채만이 우리를 둘러싸고 있었습니다. 나는 잠에서 깨어나 축복의 여운을 느끼며, 햇살 아래 빛나는 누나들의 흰 여름옷을 바라보고 있었습니다. 그런데 갑자기 심술궂은 눈을 하고 맞은편에 서 있는 클로머가 보였습니다.

다음날 아침 어머니가 늦잠 자는 나를 깨우러 오셨을 때, 나는 안색이 좋지 않았습니다.

"애야, 어디 아프니?"

어머니가 걱정스러운 듯 물었을 때, 나는 그만 토하고 말았습니다.

나는 가벼운 병에 걸리는 것을 무척 좋아했습니다. 아침 내내 카밀레 차가 끓는 난로 옆에 누워 있을 수 있었고, 어머니가 옆방 치우는 소리와, 리나가 바깥의 현관에서 고기 장수를 맞이하는 소리를 들을 수 있어서 좋았습니다.

수업을 빼먹는 오전은 무엇인가 매혹적인 것, 동화와 같은 분위기가 있었습니다. 그럴 때면 햇빛이 방바닥에서 장난질을 치는데, 그 햇빛은 학교에서 볕을 막으려고 커튼을 쳐야 하는 그런 종류의 것이 아니었습니다.

그러나 오늘은 그런 것들이 모두 가짜 같기만 해서 도무지 아늑한 기분을 즐길 수가 없었습니다.

'아아, 차라리 죽어 버렸으면……'

그러나 나의 문제는 단지 몸이 조금 아픈 정도로는 해결될 일이 아니었습니다. 나의 미열은 나를 학교에 가지 않게는 해 주었으나, 11시에 시장에서 나를 기다리는 클로머로부터는 결코 보호해 주지 못했습니다.

어머니의 걱정도 아무런 위안이 되어 주지 못했습니다. 오히려 어머니는 짐스러웠고, 고통스러웠습니다. 나는 곧 다시 잠자는 체하며 생각해 보았습니다. 모든 것이 소용이 없었습니다. 11시에는 시장에 가야만 했습니다.

"엄마, 이제 좀 괜찮아졌어요."

나는 10시쯤 천천히 일어나 엄마에게 말했습니다.

"그래, 괜찮아졌니? 학교에 갈 수 있겠어?"

이럴 때면 늘 다시 침대에 눕든지 또는 오후에 학교에 가야 합니다.

"네, 엄마, 학교에 가고 싶어요."

"그럼, 다녀오렴. 조심하고……."

그러나 돈도 없이 클로머에게 갈 수는 없었습니다.

나에게 속하는 그 작은 저금통이라도 얻어야 했습니다. 그 속에 충분한 돈이 있는 것은 아니지만, 없는 것보다는 나았습니다. 적어도 클로머를 달래 놓기라도 해야겠다는 생각에서였습니다.

어머니 방에 살금살금 걸어 들어가 어머니의 책상에서 내 저금통을 꺼내 올 때 죄스러운 마음이 들었지만, 그것은 어제 일만큼 기분 나쁘지는 않았습니다. 나는 심장의 고동치는 소리로 숨이 막힐 것 같았습니다.

계단으로 내려와 살펴보니 저금통은 잠겨 있었습니다. 그러나 이것은 사실 아무런 문제도 아니었습니다. 그것을 열기는 매우 쉬웠으니까요. 단지 얇은 생철 격자를 잡아떼기만 하면 되었습니다. 그러나 그것을 잡아당겨 뗀다면 그것으로써 도둑질을 하는 셈이기 때문에, 그것은 고통스러운 일이었습니다.

그 때까지 사탕 조각이나 과일을 훔쳐먹기는 했어도, 비록 내 돈이라 해도 돈을 훔친 일은 없었기 때문에 나는 몹시 떨렸습니다.

나는 내가 다시금 한 발짝 클로머에게로, 또 그의 세계로 가까이 갔으며, 멋지게 한 걸음씩 타락해 가고 있음을 느꼈습니다.

나는 불안스럽게 그 돈을 세어 보았습니다. 저금통 속에서는 그렇게 꽉 찬 듯이 소리가 났었는데, 손 안에 든 것은 비참할 정도로 적었습니다. 고작 65페니히가 있었습니다.

저금통은 아래층 복도에 감추고, 손 안에 돈을 움켜쥐고 집을 나서는데, 순간 지금까지 이 문을 지나왔을 때와는 아주 느낌이 달랐습니다. 이층에서 누가 나를 부르는 것 같아서 걸음을 서둘렀습니다.

　옆을 지나가는 모든 사람들이 나를 의심에 찬 눈으로 바라보는 것 같았습니다. 나는 그들 곁을 움츠린 몸으로 걸어가야 했습니다.

　도중에 나의 학급 친구 하나가 언젠가 가축시장에서 1탈러(3마르크)를 주웠다고 하던 말이 떠올랐습니다.

　'이럴 때, 내게도 그런 기적이 일어난다면 얼마나 좋을까?'

　그러나 나는 그런 소원을 빌 자격이 없었습니다. 기도를 한다 해도 저금통이 다시 본래대로 될 수는 없다고 생각했습니다.

　클로머는 멀리서 나를 보았지만 아주 천천히 나를 향해 걸어왔으며, 나에 대해 주의를 하고 있는 것 같지도 않았습니다.

　그가 가까이 왔을 때, 그는 나에게 자기를 따라오라는 듯한 눈짓을 보내고는, 한 번도 돌아보지 않고 밀짚이 쌓인 좁은 길을 걸어 내려갔습니다.

　다리를 건너 동네의 마지막 집들 옆의 새로 지은 집 앞에 멈출 때까지도 계속해서 천천히 걸어갔습니다. 클로머가 주변을 돌아보고, 대문도 창문도 없이 벽만 앙상하게 남아 있는 문 안으로 들어서자, 나도 따라 들어갔습니다.

　그는 벽 뒤로 가더니 나에게 눈짓을 하고는 손을 내밀었습니다.

　"돈은?"

　그가 차갑게 물었습니다.

　나는 주머니에서 동그랗게 움켜쥔 손을 꺼내어, 돈을 그의 편편한 손바닥에 놓아 주었습니다. 그는 마지막 5페니히짜리가 아직 소리를 내고 떨어지기도 전에 그것을 세기 시작했습니다.

"65페니히군."

그는 이렇게 말하고 나서 나를 바라보았습니다.

"응. 내가 가진 것 전부야. 그게 너무 적다는 건 나도 알아. 그렇지만 그것밖에 없어. 나는 더 이상 가진 게 없어."

나는 쭈뼛거리며 말했습니다.

"나는 네가 좀더 똑똑한 줄 알았더니."

그는 부드럽게 타이르는 말투로 나를 나무랐습니다.

"신사 사이에는 질서가 있어야지. 네게서 옳지 않은 것을 받으려는 게 아니잖아? 이따위 니켈 돈일랑 집어치워. 너도 누군지 알겠지만, 다른 사람은 돈을 깎으려고 하진 않을 거야. 그 사람은 아마 그 자리에서 지불해 줄걸?"

"하지만 난 더 이상 가진 게 없는걸. 이건 내가 저금한 돈이야."

"그건 네 사정이야. 하지만 너를 불행하게 하고 싶진 않아. 너는 나에게 아직도 1마르크 35페니히의 빚이 있어. 언제 그걸 갚을 수 있지?"

"오, 클로머! 넌 꼭 그 돈을 받을 수 있을 거야. 하지만 그게 언젠지……, 지금은 모르겠어. 아마 곧 더 구할 수 있을 거야. 내일 안 되면 모레. 그렇지만, 내가 그걸 우리 아버지에게 이야기할 수 없다는 건 알아 줘."

"그건 나와 상관없어. 널 해치려고 그러는 것은 아니니까. 나는 단지 그 나머지 돈을 오전 중에 받기만 하면 된다고. 나는 가난해. 너는 좋은 옷을 입었고, 나보다 점심때 훨씬 좋은 음식을 먹을 수가 있어. 내가 꼭 더 얘기를 해야 알겠냐? 어쨌든, 좀 기다려 주지. 모레 오후에 네게 휘파람을 불 테니, 그 땐 꼭 가져 와. 내 휘파람 소리 알지?"

그는 내 앞에서 휘파람을 불었는데, 간혹 들어 본 적이 있는 소리였습니다.

"그래, 알아."

그는 나 따위는 안중에도 없다는 듯이 사라져 갔습니다.

그 때부터 클로머의 휘파람 소리는 항상 날 따라다녔습니다. 나는 그 소리에 얽매였고, 그것은 지금 나의 운명이 되었습니다.

단풍이 든 가을날 오후, 내가 무척 좋아하는 우리 집 정원에 나와 거니노라면, 어디선가 이 클로머의 휘파람 소리가 들렸고, 그럴 때면 나는 내가 원하지 않는 증오스러운 장소로 가야 했습니다. 나를 괴롭히는 자 한테로 가서 변명을 하고, 돈에 관해 재촉을 받아야만 했습니다.

이러한 일이 몇 주일 동안 계속되었는데, 나에겐 그 몇 주일이 몇 년처럼 생각되었습니다. 때때로 나는 리나가 조리대 위에 놓아 둔 시장바구니에서 5페니히나 1그로셴짜리 돈을 몰래 집어 가기도 했는데, 그럴 때마다 클로머는 나를 나무라며 경멸했습니다.

나는 그를 속이는 사람이 되었고, 그의 훌륭한 권리를 빼앗으려는 사람이 되었으며, 불행하게 만들려는 사람이 되었습니다. 나의 생애에서 그처럼 괴로움이 치솟은 적이 없었고, 그처럼 절망적으로 종속감을 느껴 본 적도 없었습니다.

나는 저금통을 장난감 돈으로 채워 그 자리에 놓아 두었는데, 아무도 그 일에 대해 묻지 않았습니다. 그러나 언제 꾸중을 들을는지 모르는 일이었습니다.

어머니가 조용히 나에게 걸어오실 때면 저금통에 대해 물으러 오시는 것 같아, 클로머의 휘파람 소리보다 어머니의 발소리가 더 두려워질 정도였습니다.

그 당시 대부분 돈도 없이 나타나는 나를 클로머는 다른 방식으로 괴롭히고 이용하기 시작했습니다. 나는 그를 위해 일해야만 했습니다. 그는 그의 아버지를 위해 심부름을 해야 했고, 나는 그를 위해 대신 심부름을 해야 했습니다.

그렇지 않으면 무엇인가 어려운 일을 시켜 날 골탕먹이곤 했습니다. 10분간 다리를 들고 한 발로 뜀뛰기를 해 보라거나, 길가는 사람의 윗옷에 이상한 내용의 종이조각을 붙이고 오라는 식으로 말입니다.

나는 매일 밤 가위눌림 때문에 진땀을 흘리며 헛소리에 시달려야 했습니다.

한동안 나는 몹시 아팠습니다. 때때로 토했고, 몸이 으슬으슬 추웠으나, 밤에는 땀과 열에 휩싸였습니다. 어머니는 무엇인가 탈이 났다고 느껴 나에게 많은 관심을 기울였습니다.

어느 날 저녁, 내가 침대에 들었을 때 어머니는 초콜릿 하나를 가져왔습니다. 어머니는 종종 내가 밤에 얌전하게 굴면 잠잘 때 상으로 과자를 주시곤 했습니다.

어머니는 침대 가에 서서 나에게 초콜릿을 내밀었습니다.

"싫어요. 아이, 싫다니까. 엄마, 아무것도 먹고 싶지 않아요."

나는 괴로운 마음으로 이렇게 소리 지를 뿐이었습니다.

어머니는 초콜릿을 머리맡 책상 위에 놓고는 나가셨습니다. 어머니가 나중에 그 일에 관해 물으려 할 때, 나는 아무것도 모르는 듯이 행동했습니다.

언젠가는 어머니가 의사를 불러왔는데, 그는 진찰을 하고는 나에게 아침마다 냉수욕을 하도록 지시했습니다.

그 당시 나는 일종의 정신착란 상태에 있었습니다.

우리 집의 정돈된 평화 속에서 나는 유령처럼 겁을 먹고 고통을 받으며 살았고, 다른 식구의 생활에 참여하지 못했습니다.

어머니의 근심 어린 표정은 날 더 괴롭게 만들었으며, 때때로 화가 나서 나에게 답변을 요구하시는 아버지에게는 차가운 마음을 가지게 되

었습니다.

카 인

나의 이 비밀스러운 고민에 대한 구원은 전혀 예기치 않은 곳으로부터 왔습니다. 그리고 그 구원으로 나의 생활은 달라졌으며, 그 영향은 오늘날까지도 계속되고 있습니다.

최근에 우리 라틴 어 학교에 신입생 하나가 전학을 왔습니다. 그는 이 도시에 이사해 온 부유한 과부의 아들로, 소매에 상장을 달고 있었습니다. 그는 나보다 상급반이었고 나이도 더 많았습니다.

그는 겉으로만 보아서는 아주 나이가 들어 보였기 때문에 아무도 그를 소년이라 보지 않았습니다. 어린 우리들 사이에서 마치 어른처럼, 거의 신사처럼 행동하는 그는 매우 낯설어 보였습니다.

그는 우리에게 호감을 갖지 못했고 우리의 놀이에도 끼여들지 않았으며, 더욱이 우리와 싸우는 일은 거의 없었습니다. 그러나 우리 모두는 그에게 호감을 느꼈으며 관심을 가지게 되었습니다. 그는 막스 데미안이라고 불렸습니다.

어떤 이유에서인지는 잘 모르겠지만, 어느 날 우리는 큰 교실에서 다른 학급과 함께 수업을 한 적이 있었습니다. 바로 데미안의 학급이었습니다. 우리 하급생들은 성경 이야기를 공부했고, 상급생들은 작문을 공부했습니다.

우리가 '카인과 아벨'에 관한 이야기를 배우고 있는 동안, 나는 자주 나를 매혹시켰던 데미안의 얼굴을 바라보았습니다. 그 영리하며 매력적인 얼굴은 주의를 집중하여 공부에 열중하고 있었습니다. 그 얼굴은 학과 공부를 하는 학생이라기보다는, 마치 그 자신의 문제를 추구하는 탐구자 같은 모습이었습니다.

처음부터 그가 마음에 들었던 것은 아니었습니다. 오히려 나는 그에게 일종의 반감을 느꼈습니다. 그는 나보다 우월했고 냉정했으며, 그의 거동은 약이 오를 정도로 확고했기 때문입니다. 그의 눈은 어른 같은 표정을 띠고 있었는데, 약간 슬픈 듯하면서도 장난기가 어려 있었습니다.

나는 계속해서 그를 쳐다보고 있었는데, 그는 나를 좋아하는 것 같기도 하고 싫어하는 것 같기도 했습니다. 어쩌다 그가 나를 돌아보기라도 하면, 나는 깜짝 놀라 시선을 돌려 버렸습니다.

그는 모든 점에 있어서 아주 특이했고 개성이 강했으며, 그것 때문에 눈에 띄었습니다. 또 그렇기 때문에 그는 눈에 띄지 않으려고 노력했습니다. 마치 농부의 아이들과 어울리려고 갖은 노력을 다하는 변장한 왕자처럼 말입니다.

학교에서 돌아오는 길에 그가 내 뒤를 따라왔습니다. 내가 다른 애들과 헤어져 혼자가 되자, 그가 따라와 인사를 했습니다. 그 인사조차도 어른이 하는 것처럼 아주 공손했습니다.

"같이 갈까?"

그는 정답게 물었습니다. 나는 기뻐서 고개를 끄덕이고는, 그에게 내가 사는 곳이 어디라는 것을 설명해 주었습니다.

"아, 거기야?"

그는 환하게 미소지으며 말했습니다.

"아, 알고 있어. 너의 집 문에는 아주 묘한 것이 붙어 있지? 그걸 보면서 참 재미있다고 생각했어."

나는 그가 말하는 것을 곧 알 수 있었습니다. 그리고 그가 우리 집을 나보다 더 잘 알고 있는 데 놀랐습니다.

그것은 일종의 문장(그 가문을 나타내는 상징적인 표지)으로서 대문 아치의 꼭대기에 붙여 놓은 것인데, 오랜 세월 속에 닳을 대로 닳아서 몇 번이나 칠을 다시 했던 것입니다.

그러나 내가 아는 한, 그것은 우리 집안과는 아무런 관계가 없었습니다.

"그런데 난 거기에 관해서 잘 몰라. 관심이 없거든."

이렇게 말하고 나서 나는 우물거리며 덧붙였습니다.

"그것은 한 마리의 새이거나, 뭐 그와 비슷한 것일 거야. 게다가 아주 오래되었고. 우리 집은 옛날에 수도원에 속해 있었대."

"그럴 수 있지."

그는 고개를 끄덕이며 계속 말했습니다.

"언제고 다시 한 번 살펴봐. 재미있을 거야. 내가 생각하기엔 꼭 매처럼 보이던데."

우리는 계속해서 걸어갔고, 나는 왠지 기분이 가라앉았습니다. 그 때, 갑자기 무엇인가 재미있는 생각이라도 떠오른 듯 데미안이 웃었습니다.

"참, 언제 너희들과 수업을 같이 한 적이 있었지?"

그는 생기 있게 웃고는 내게 물었습니다.

"이마에 '표시'가 찍힌 카인의 이야기였지? 그 이야기 재미있었어?"

난 그 이야기가 마음에 들지 않았습니다. 물론 우리가 학교에서 배워야 하는 것들 중에서 마음에 드는 것이라곤 하나도 없었습니다. 그렇지만 나는 마치 어른과 이야기하는 것 같아서 사실대로 말할 수가 없었고, 마지못해 이렇게 대답했습니다.

"으응, 재미있었어."

그러자 데미안이 내 어깨를 쳤습니다.

"야! 나한테까지 거짓말할 필요는 없어. 그렇지만 가만히 들여다보면

상당히 재미있는 얘기야. 선생님은 하느님이니 죄니 하는 것들만 강조했지만, 내가 생각하기로는……."

그는 갑자기 말을 멈추며 내게 물었습니다.

"그런데 이 이야기에 흥미가 있니?"

나는 고개를 끄덕여 보였고, 그는 말을 계속했습니다.

"그 카인의 이야기를 아주 다르게 볼 수가 있지. 학교에서 우리가 배우는 대부분의 것들은 사실이고 옳지만, 선생님이 말씀하신 것과는 아주 다르게 볼 수도 있어. 대부분 그렇게 보면 훨씬 나은 의미를 발견할 수 있지."

나는 그의 반짝이는 눈을 쳐다보면서, 그의 이야기에 끌려 들어가기 시작했습니다.

"말하자면, 카인이나 그의 이마에 찍힌 '표시'에 대한 것만 보더라도 그래. 선생님이 우리에게 설명하는 것만으로는 뭔가 부족해. 그렇지 않니? 동생과 싸우다가 그만 너무 격해져서 동생을 돌로 쳐 죽게 할 수도 있겠지. 그리고는 죽은 동생을 보고 죄책감에 시달리며 후회하고 괴로워하는 것, 충분히 그럴 수 있어. 그렇지만, 살인에 대한 보상으로 훈장처럼 어떤 '표시'를 해 주고, 그게 그 살인자를 지켜 주는 부적이 되어 다른 이에게 겁을 준다? 이건 아무래도 논리적으로 이상한 이야기야."

"정말 그러네. 그렇지만 달리 어떻게 그 이야길 해석할 수 있겠어?"

나는 흥미 있다는 듯이 말했습니다. 그 이야기가 나를 매혹시키기 시작했던 것입니다.

그는 내 어깨를 두드리며, 자상한 선생님 같은 표정을 지어 보였습니다.

"아주 간단해! 사실 이야기의 발단은 그 '표시' 야. 다른 사람들을 불안하게 하는 그 무엇인가를 얼굴에 지닌 사람이 있었지. 사람들은 감히 그를 건드리지 못하고, 그와 그의 자식들은 세상 사람들에게 같은 인상을 주게 되었어. 이건 우표의 소인과 같이 실제로 있는 것은 아니야. 오히려 무엇인가 알아볼 수 없는 기분 나쁜 것이 있었고, 그런 사람들의 눈초리에는 보통 사람들보다는 좀 더 강한 정신력과 대담성이 있었지. 이 사람은 힘을 가지고 있었기 때문에, 사람들은 그를 무서워했어. 그는 그 '표시'를 달게 된 거야. 사람들은 카인의 후예들에게 두려움을 갖게 되었고, 그들은 '표시'를 갖고 있다고 표현을 한 거지. 이처럼 사람들은 '표창'이라 할 만한 것을 '표시'라고 반대로 설명한 거야. 그리고는 그 '표시'를 가진 사람은 흉측한 놈들이라고 말했지. 맞아, 용기와 특성이 있는 사람들은 다른 사람들을 항상 겁나게 하거든. 두려움을 모르는 자와 무서운 자들이 돌아다닌다는 것은 매우 불편한 일이야. 그래서 그들에게 복수하고, 자기들이 견뎌 낸 공포를 조금이라도 보상받기 위해 그들에게 별명을 붙이고 이야기를 꾸며 낸 거야. 이해하겠니?"

데미안은 조금도 지친 기색이 없이 내게 물었습니다.

"알겠어. 하지만 그렇다면 카인은 나쁜 사람이 아니라는 말이네? 그럼 성경 속의 이야기도 사실이 아니란 말이야?"

"그렇기도 하고 아니기도 하지. 그렇게 옛날 옛적 이야기는 사실이기는 하지만, 그것이 항상 사실대로 기록되고 옳게 설명되지는 않아. 간단히 말해서 난 카인은 훌륭한 놈이라고 생각해. 사람들이 그에게 불안을 느꼈기 때문에 그런 이야길 지어 붙인 것뿐이야.

그런 이야기는 많은 사람들이 그를 무서워했기 때문에 그에게 붙여놓은 단순한 소문에 불과해. 그렇지만 카인과 그 후예들은 사실 하나의 '표시'를 지니고 있었으며, 대부분의 사람들과는 분명히 달랐다는 것만은 사실이야."

"그렇다면 넌 그가 사람을 죽였다는 것도 사실이 아니라고 생각하니?"

나는 몹시 놀라고 감동되어 물었습니다.

"오, 그것은 사실이야. 강한 자가 약한 자를 때려죽였던 거야. 그게 정말로 자기 형제였는지는 모르겠지만. 그건 그렇게 중요하지 않아. 따지고 보면 모든 사람은 형제나 마찬가지니까. 어쨌든 약한 자들이 불안에 싸여 있을 때, 만약 누군가가 그들에게 '왜 그를 깨끗이 없애 버리지 못하는가?' 하고 물으면 '우리가 겁쟁이이기 때문이다.' 라고 말하는 대신, '그럴 순 없다. 그는 표시를 가지고 있다. 하느님이 그에게 표시해 주었다!' 라고 말하지. 이렇게 해서 그 속임수가 생기는 거야. 이런, 내가 너무 오래 서 있게 했구나. 그럼, 다음에 또 보자. 잘 가!"

그는 알테 골목으로 꺾어 들어갔습니다. 나는 혼자 남게 되었고, 그가 사라지자 그가 말한 모든 것이 전혀 믿을 수 없는 것처럼 생각되었습니다.

'카인이 고귀한 사람이고, 아벨은 겁쟁이라고! 카인의 표시가 표창이라니! 아냐, 이건 말도 안 돼. 하느님은 아벨의 제물을 받으셨고, 아벨을 사랑하지 않으셨던가? 아니다, 정말 바보 같은 소리야! 데미안이 나를 조롱하고, 얼음 구덩이로 날 유혹하려는 거야.'

그는 굉장히 총명하고 말을 잘하지만, 나는 그것을 받아들일 수가 없었습니다.

그러나 그의 말이 내게 준 충격은 대단한 것이었습니다. 그 때까지 나는 성경 구절에 대해 그렇게까지 깊게 생각해 본 적이 없었습니다. 그리고 클로머를 그렇게 완전히 몇 시간 동안, 온 저녁 내내 잊어 본 적도 없었습니다.

집에 와서 나는 다시 한 번 성경을 펼쳐 카인과 아벨에 대해 읽어 보았습니다. 어디까지나 카인은 살인자였고, 아벨은 희생자였습니다. 그것은 너무도 간단하고 분명해서, 거기서 어떤 특별한 주관적인 의미를 찾아내려는 것은 어리석은 짓이었습니다.

'그렇다면 모든 사람을 때려죽인 자가 하느님의 총아란 말이야? 그건 미친 소리야.'

그렇지만 자기 논리를 그처럼 쉽고 훌륭하게, 마치 아무 설명도 필요 없다는 듯이 분명하게 이야기할 수 있는 데미안의 태도와 그의 눈은 정말 인상적이었습니다.

나는 혼돈 속에 있었습니다. 나는 어쩌면 밝고 깨끗한 세계에 살았었고, 나 자신이 하나의 아벨이었는지도 모릅니다. 그런데 지금은 아주 '다른 세계' 속에 떨어지고 말았습니다. 그렇지만 그것은 나 혼자만의 잘못이라고는 생각되지 않았습니다.

'그럼, 어떻게 된 것일까?'

아, 이제야 갑자기 내 마음이 한때나마 숨이 막힐 것 같았던 기억이 떠올랐습니다. 지금의 이 비참함이 시작된 바로 그 운수 나쁜 밤에, 아버지에 대해 가졌던 생각이 바로 그러했습니다.

나는 한순간, 아버지와 아버지의 밝은 세계를 경멸했었습니다. 그렇습니다!

그 때의 나는 카인이었고, 표시를 가졌던 나 자신은 그 표시를 수치가 아니라 남보다 월등하다는 표시로 여겼습니다.

나는 사악함과 불행을 통하여 내가 아버지보다 위대하고, 선량하거나 경건한 사람들보다 더 위대하다고 생각했었습니다.

그 때는 이런 생각을 하지 못했지만, 그 모든 일이 이것으로 설명될 수 있었습니다. 이러한 생각이 들자 야릇한 흥분이 날 에워쌌으며, 이러한 감정은 나를 괴롭히면서도 나의 자만심을 충족시켜 주었습니다.

이 때, 불현듯 의아한 생각이 들었습니다.

'데미안은 왜 내게 두려움을 모르는 자와 비겁한 자에 대해서 말했을까? 카인이 지닌 이마의 표시를 왜 그렇게 해석했을까? 그 때 그의 눈, 어른스러움을 지닌 그 독특한 눈이 얼마나 이상하게 빛나던가!'

섬광처럼 어떤 생각이 스쳤습니다.

'데미안, 그 자신이야말로 하나의 카인이 아니었을까? 자신이 카인을 닮았다고 생각하지 않는다면, 왜 그토록 카인을 변호했겠는가? 자신이 카인이라고 생각했기에 그와는 '다른 사람들', 경건하고 신의 마음에 드는 사람들, 두려워하는 사람들을 그렇게 경멸했던 것이 아닌가!'

이런 생각을 하니 끝이 없었습니다. 그것은 샘 위에 떨어진 돌멩이였으며, 그 샘은 내 어린 영혼이었고, 이후로도 오랫동안, 카인의 살인, 표시를 내포한 이 문제는 나에게 있어 숱한 생각들의 출발점이 되었습니다.

나는 다른 학생들도 데미안에 관해 열중하고 있다는 것을 알았습니다. 카인에 관해서 나는 아무에게도 이야기하지 않았으나, 다른 아이들도 그에게 흥미를 느끼는 것 같았습니다. 어쨌든 이 신입생에 대한 여러 가지 이야기가 나돌았습니다.

만약 내가 그 소문을 모두 알았다면 그를 이해하는 데 도움이 되었을 것이며, 또한 여러 가지 문제가 해결될 수 있었을 것입니다. 그러나 나는 단지 데미안의 어머니가 대단히 부자라는 것만을 알고 있었습니다.

그러나 이 밖에도 그와 그의 어머니 둘 다 교회에 가지 않는다는 것,

그들이 유대 인일지도 모른다는 것, 혹은 그들이 마호메트 교도일 수도 있다는 것 등의 소문이 있었습니다.

그리고 데미안의 체력도 이야깃거리가 되었는데, 데미안은 체력이 굉장하다는 것이었습니다. 언젠가는 그의 학급에서 제일 힘센 놈이 데미안에게 싸움을 걸었으나, 데미안이 이에 응하지 않자, 그를 비겁자로 불렀다가 데미안에게 큰 봉변을 당했다는 것이었습니다.

거기에 있던 아이들 말로는 데미안이 한 손으로 그 아이의 목덜미를 꽉 눌렀을 때, 그 아이는 얼굴이 백지장처럼 되어 슬슬 기며 도망을 쳤고, 그 후 며칠 동안 팔을 쓸 수 없었다고 합니다. 그가 죽었다는 소문까지 돌았을 정도였습니다.

얼마 동안 데미안에 대한 온갖 소문이 퍼졌고, 그것이 또 사실로 믿어졌습니다. 모든 것이 자극적이었고 놀라웠습니다. 그리고 얼마 되지 않아 또 다른 새로운 사건이 생겼습니다.

데미안이 한 소녀와 교제를 하고 있으며, '모든 것을 알고 있다.' 는 소문이었습니다.

그러는 동안에도 클로머와 나는 어쩔 수 없는 길을 계속 가고 있었습니다. 나는 그에게서 헤어날 수가 없었습니다. 어쩌다 며칠 간 내버려 둘 때조차도 나는 그에게 얽매여 있었습니다.

그는 그림자처럼 나와 같이 살았으며, 실제로 내게 가하지 않은 짓도 꿈속에서는 나에게 행하도록 시켰습니다. 꿈속에서 나는 완전히 그의 노예였습니다. 늘 강렬한 꿈을 꾸는 나는 현실에서보다 꿈속에서 더 많이 그에게 학대당했습니다.

꿈속에서 클로머는 나를 짓밟거나, 내 위에 올라탔으며, 나에게 침을 뱉었습니다. 더욱 나쁜 것은, 아주 무서운 범행을 저지르도록 나를 부추

기는 것이었습니다.

그 중에서도 가장 무서웠던 것은 내가 아버지를 죽이려고 달려드는 꿈이었습니다.

클로머가 내게 칼을 쥐어 주었으며, 우리는 누군가를 기다리고 있었습니다. 나는 누구를 기다리는지 알 수 없었습니다. 이윽고 누군가가 다가오자, 녀석은 내게 명령했습니다.

'바로 저놈이야! 어서 죽여 버려!'

내가 칼을 들고 다가가 보니, 그는 바로 나의 아버지였습니다. 그러한 꿈을 꿀 때면, 나는 거의 반쯤 미친 상태가 되어 깨곤 했습니다.

이런 꿈들과 관련하여 나는 카인과 아벨의 일은 종종 생각했지만, 데미안에 관해서는 거의 잊고 있었습니다. 그런 내게 데미안이 다가온 것은, 이상하게도 역시 꿈속에서였습니다.

언제나처럼 나는 꿈속에서 시달림을 당하고 있었는데, 날 괴롭히는 것은 클로머가 아니라 데미안이었습니다. 그리고 그것은 나에게 새롭고도 깊은 인상을 주었습니다.

클로머로부터 받은 괴로움이 고통과 반항으로 점철된 것에 비하면, 데미안으로부터 받은 괴로움은 환희와 고통이 함께 깃든 것이었습니다.

나는 데미안에 대한 꿈을 두 번 꾸었고, 그 후에는 다시 클로머가 나타났습니다.

나는 언제부터인가 꿈속에서의 일과 현실에서의 일을 잘 구별하지 못하게 되었습니다. 어쨌든 클로머와의 좋지 않은 관계는 계속되었고, 클로머에게 진 빚을 갚기 위해 어머니의 지갑을 뒤지거나, 탁자 위에 놓인 아버지의 푼돈들을 훔쳐 가까스로 2마르크를 다 갚았을 때도 그와의 관계는 끝나지 않았습니다.

"너, 이 돈 어디서 났어? 훔쳤지? 내가 모를 줄 알아?"

그는 나의 도둑질을 알고 있었습니다.

그는 돈을 받을 때면 항상 집요하게 추궁을 했고, 그의 꿰뚫어 보는 듯한 눈에 못 이겨 나는 사실을 털어놓곤 했던 것입니다.

그로 인해 나는 전보다 더 그 악마의 손아귀에 말려들고 있었습니다.

"네 아버지에게 이걸 일러바친다면 어떻게 될까? 잘했다고 칭찬하실까?"

그럴 때마다 나는 그에 대한 두려움보다, 처음부터 솔직하게 아버지에게 고백하지 못한 것을 깊이 후회하곤 했습니다.

그러나 이 같은 나날이 몹시 괴롭고 비참했지만, 이러한 일들에 대해 언제나 후회만 한 것은 아닙니다. 이따금 이 모든 일이 어쩌면 그럴 수밖에 없었다는 느낌이 들었으며, 나를 지배하고 있는 이 운명을 거스르는 일은 아무 소용이 없는 것처럼 여겨졌습니다.

부모님은 나의 이런 상태 때문에 적지 않게 고통 받았습니다. 낯선 영혼이 나에게 덮쳐와서 그렇게도 친밀했던 집안 분위기에 더 이상 어울릴 수 없었던 것입니다. 잃어버린 낙원에 대한 그리움이 나를 감쌌습니다.

어머니는 나를 못된 자식이라기보다는 일종의 환자로 보았습니다만, 실제 내 상태가 어떤가 하는 것은 두 누나들의 행동을 통해서 잘 알 수 있었습니다.

나의 건강을 돌봐 주었으나 끝없이 비참한 생각에 빠져 들게 했던 그들의 행동은, 내가 일종의 마귀에 홀렸다고 생각하고 있음을 분명하게 보여 주었습니다.

가족들은 내 상태에 대해 꾸중보다는 동정의 마음을 보여 주었으며, 나의 내부에 자리잡고 있는 악을 물리칠 수 있도록 모두가 나를 위해 기도해 주었습니다.

그러나 나는 이런 기도가 소용없음을 잘 알고 있었습니다. 가끔은 짐을 벗어던지고 가벼워지고 싶은 소망과, 정직하게 고해하고픈 갈망을 느끼기도 했지만, 부모님에게도 누나들에게도 그 모든 것을 올바르게 말하고 설명할 수 없으리라는 것도 이미 알고 있었습니다.

나는 많은 사람들이 아직 열한 살도 안 된 어린애가 이런 것을 알고 있다는 것을 믿지 못하리라는 것 또한 알고 있었습니다.

어느 비 오는 날이었습니다. 나를 고통스럽게 하는 그놈이 나에게 광장으로 나오라고 명령했습니다.

나는 거기에 서서 그를 기다리고 있었습니다. 광장의 검고 잎이 많은 밤나무에서는 비에 젖은 잎들이 떨어지고 있었습니다.

나의 호주머니에는 과자가 두 개 들어 있었습니다. 클로머에게 돈 대신 갖다 바칠 것이었습니다. 나는 이미 이런 식의 기다림에는 익숙해져 있었습니다. 다가오는 운명을 아무 불만 없이 받아들이듯이 나는 그렇게 견디고 있었던 것입니다.

드디어 클로머가 나타났습니다. 그는 내 옆구리를 두어 번 쿡쿡 찌르고는 빙글거리며 과자를 받았습니다. 그리고는 내게 뭔가를 내밀었습니다.

"야, 담배 피워 볼래?"

"싫어."

"그래? 그렇다면 할 수 없지."

나의 거절에도 별로 화내는 기색 없이 그는 상냥한 웃음을 띠며 돌아섰습니다. 나도 돌아서 가려고 하자, 갑자기 그가 나를 불러 세웠습니다.

"잠깐! 잊어버리고 말 안 할 뻔했는데, 다음에 나올 땐 누나를 데리고 나와, 큰누나 말이야. 이름이 뭐라고 했지?"

나는 그 말이 무얼 뜻하는지 알 수 없어서 대답하지 않았습니다. 다만 놀라서 그를 쳐다볼 뿐이었습니다.

"무슨 말인지 몰라? 네 누나를 데려오란 말이야."

"알아, 클로머. 그렇지만 그건 안 돼. 나는 그렇게 할 수 없어. 누나도 절대로 나오지 않을 거야."

나는 이것 역시 하나의 술책이며 구실이란 것을 알아챘습니다.

그는 가끔 이런 수법으로, 내게 어떤 해낼 수 없는 일을 시켜서 나를 공포 속에 빠뜨리고는, 내게 이런저런 흥정을 해나갔습니다. 그러면 으레 나는 그에게 돈이나 다른 물건을 주고, 위기를 모면해야만 했습니다.

그러나 이번엔 아주 달랐습니다. 내가 거절했는데도 그는 전혀 화를 내지 않았습니다.

"그럼, 좋아. 그렇지만 잘 생각해 봐. 나는 네 누나와 사귀고 싶단 말야. 훗날 틀림없이 잘 될 때가 있겠지. 넌 누나를 데리고 산책을 나오기만 하면 돼. 내가 그리로 갈 테니까. 내일 내가 휘파람을 불 테니까, 그 때 다시 얘기하자."

그가 가고 난 뒤, 그의 요구가 무엇을 의미하는지 희미하게나마 짐작되었습니다. 나는 아직 철부지 어린애였으나, 소년 소녀들은 좀 나이가 들면 비밀을 갖게 되고, 추잡하고 금지된 짓을 한다는 말이 생각났습니다.

그리고 지금 나는 그것이 얼마나 해괴망측한 짓인가를 확실히 깨달았던 것입니다.

'안 돼, 나는 그런 일은 절대로 할 수 없어.'

나는 굳게 결심했습니다. 그 다음에 어떤 일이 일어날 것이며, 클로머가 어떻게 복수를 할 것인지에 대해서도 생각하고 싶지 않았습니다. 새로운 고민이 나의 목덜미를 움켜쥐기 시작했습니다. 그것은 새로운 고문, 새로운 굴욕을 의미하는 것이었습니다.

나는 절망적인 기분으로 주머니에 손을 찌르고, 텅 빈 광장을 서성거렸습니다.

그 때 마음속 깊은 곳에서 울려나오듯 시원스러운 소리가 들려왔습니다.

나는 놀라서 뛰기 시작했습니다. 누군가가 내 손을 뒤에서 부드럽게 잡았습니다. 그는 바로 데미안이었습니다. 나는 잡힌 손을 그대로 내버려 두었습니다.

"너였구나!"

나는 불안스러운 눈길로 그를 쳐다보았습니다.

"깜짝 놀랐잖아!"

그는 나를 바라보았습니다. 그의 시선이 그 때만큼 어른스러우며, 마음을 꿰뚫어 보는 현자의 눈초리 같았던 적도 없었습니다. 우리는 서로 오랫동안 입을 떼지 못했습니다.

"미안하다."

그는 다정하면서도 단호한 태도로 말했습니다.

"그렇지만 그렇게 놀랄 것도 없잖아."

"그렇지만 놀랄 수도 있어."

"그래, 그럴 수도 있겠지. 하지만 알아 둬. 네게 아무 짓도 하지 않은 사람 앞에서까지 그렇게 위축된다면, 그 사람은 '왜 그럴까' 하고 생각하게 되지. 이상한 생각이 들고, 호기심을 갖게 된다고. 사람은 누구나 불안할 때에 더 잘 놀라는 법이야. 네가 비겁한 사람이라고는 생각지 않았는데……. 너에겐 분명 두려워하는 뭔가가 있어. 네게 두려움을 주는 누군가가 있지? 하지만 안 돼. 사람이 사람을 두려워하

다니! 설마 내가 두려운 건 아니겠지?"

"오, 아냐. 그렇지 않아."

"그래, 그렇지만 네게 두려움을 주는 사람이 있어. 그렇지?"

"몰라. 제발 그냥 날 내버려 둬. 왜 간섭하는 거야?"

그는 나와 함께 걸었습니다. 나는 도망칠 생각으로 더욱 빨리 걸었습니다.

그러다가 문득 나는 그의 시선이 와 닿는 것을 느꼈습니다.

"예를 들어"

그는 다시 말을 이었습니다.

"내가 너에게 호감을 갖고 있다면, 넌 날 두려워할 필요가 없어. 우리 한 가지 실험해 볼까? 재미있을 거야. 너도 뭔가를 배울 수 있을 거고. '독심술'이라는 거 들어 봤어? 사람의 마음을 읽어 내는 건데, 마

법은 아니지만 독심술을 알지 못하는 사람에게는 아주 신기하게 보이지. 사람들을 아주 놀라게 할 수도 있어.

자, 어디 한번 실험해 볼까? 내가 너를 좋아하거나, 네게 흥미를 갖고 있다고 하자. 그러면 나는 지금 네 마음속이 어떤지를 알아내고 싶을 거야. 그렇다면, 이미 나는 첫발을 내디딘 셈이지. 나는 너를 놀라게 했거든.

너는 잘 놀라지. 그것은 네가 불안을 느끼는 사람이나 물건이 있다는 것을 의미해. 넌 무엇을 두려워하지? 우리는 어느 누구에 대해서도 불안을 가질 필요가 없어. 만약 누군가를 두려워한다면, 그 사람에게 나를 지배할 힘을 넘겨 줬기 때문이야.

예를 들면, 나쁜 일을 했는데 다른 사람이 알고 있다고 하자. 그러면 그 사람은 너에 대한 지배력을 갖게 된 거야. 이해하겠니? 내 말이 맞지?"

나는 언제나처럼 진지하고, 영리해 보이며, 호의에 찬 그의 얼굴을 멍하니 바라보았습니다. 그의 얼굴은 엄격해 보였습니다. 그 속에는 올바른 것 또는 그와 유사한 것이 있었습니다. 그는 나에게 어떤 일이 일어났는지 몰랐지만, 나의 모든 것을 알고 있었습니다.

그는 마술사처럼 내 앞에 서 있었습니다.

"이해할 수 있니?"

그는 다시 한 번 물었습니다.

나는 고개를 끄덕였지만, 아무것도 이야기할 수가 없었습니다.

"이 독심술이란 게 좀 괴상하게 보일 거라고 아까도 말했지만, 사실 그것은 아주 자연스러운 거야. 내가 너에게 카인과 아벨에 관하여 이야기했을 때, 네가 나에 관해 어떻게 생각했는지 알아맞힐 수 있었어. 또 나는 네가 언젠가 내 꿈을 꾸었을 거라는 것도 알아. 맞지? 하지만, 이런 이야기는 그만 하자. 대부분의 아이들은 멍청하지. 근데 너는 아주 총명한 애야. 똑똑한 애들과 이야기하는 것은 즐거운 일이야. 그렇지 않니?"

"응, 그래. 잘 이해되지는 않지만……."

나는 꿈속에서처럼 그의 음성과 영향력 밑에 깔려 있었습니다. 나는 고개를 끄덕였습니다. 지금 데미안이 한 이야기는 오직 나 자신에게서만 나올 수 있는 목소리였습니다.

'그는 모든 것을 안단 말인가? 나 자신보다 더 잘, 더 분명히 모든 것을 안단 말인가?'

데미안은 자신에 찬 손길로 내 어깨를 두드렸습니다.

"역시 맞았군. 그러리라 생각했지. 그럼 몇 마디 더 묻겠는데, 아까 저쪽으로 사라진 녀석 이름이 뭐니?"

나는 몹시 놀랐습니다. 침해당한 나의 비밀이 내 속에서 고통스럽게 꿈틀거렸습니다.

그것은 밖으로 나오려 하지 않았습니다.

"어떤 애? 나밖에 없었는데."

"그 이름이 뭔지 말해 봐."

그는 웃었습니다.

"프란츠 클로머 말이야?"

나는 속삭이듯 말했습니다.

그는 만족스러운 듯 고개를 끄덕였습니다.

"너는 영리한 애야. 우리는 더욱 친한 친구가 될 거야. 그 클로머인가 뭔가 하는 녀석은 아주 나쁜 놈이야. 난 척 보고 그가 불량배라는 걸 알 수 있었어! 맞지?"

"그래, 맞아!"

나는 한숨을 내쉬었습니다.

"그는 악마야! 그가 이런 걸 알아선 안 돼! 절대로 안 돼! 그 놈이 알면……! 그 놈이 혹시 너를 아니?"

"걱정하지 마! 그 놈은 가 버렸어. 그는 나를 몰라. 아직은 몰라. 나도 여태까지는 모르던 놈이고. 그렇지만 난 그놈을 좀 알고 싶은데, 초등학생이야?"

"응."

"몇 학년?"

"5학년. 그에게는 아무 말도 말아 줘. 제발 아무것도 말하지 말아 줘!"

"안심해, 네겐 아무 일도 생기지 않아. 그런데 클로머에 관해 좀더 이야기해 줄 순 없니?"

"할 수 없어! 안 돼, 날 내버려 둬."

그는 잠시 침묵을 지켰습니다.

"유감인데."

그는 실망스러운 듯 말했습니다.

"실험을 좀더 계속할 수 있었을 텐데. 너를 괴롭힐 생각은 없어. 그렇지만 네가 그 녀석을 두려워하는 것은 옳지 않다는 걸 너도 알고 있지? 그런 것은 우리를 아주 망쳐 놓는 것이란 말야. 그런 것에서 벗어나야 돼. 만일 네가 제대로 살고 싶다면 넌 거기서 벗어나야 돼. 알아듣겠니?"

"그래, 네 말이 맞아. 하지만 그게 그렇게 간단한 일이 아니야. 너는 아무것도 몰라."

"내가 네 생각보다 더 많이 알고 있다는 걸 인정하지? 혹시 그에게 빚진 거라도 있니?"

"응, 빚도 있어. 하지만 그게 문제가 아냐. 난 그걸 말할 수 없어. 말할 수 없단 말이야!"

"만일, 내가 네 빚을 갚아 준다면? 그 정도는 충분히 네게 줄 수 있을 텐데."

"아냐, 아냐, 그게 아냐. 제발 부탁이야, 아무에게도 그런 말은 하지 말아 줘. 아무 말도! 그건 나를 불행하게 만드는 거야."

"싱클레어, 나를 믿어. 훗날 언젠가는 나한테 모든 비밀을 털어놓게 될 거야."

"아니야, 그런 일은 없어. 절대로!"

나는 흥분하여 외쳤습니다.

"네 마음대로 해. 나는 그저 네가 언젠가는 이야기해 주리라고 생각해. 설마 나를 클로머 같은 인간으로 보는 것은 아니겠지?"

"그렇진 않아. 하지만 넌 그 일에 대해서 아무것도 몰라."

"그래, 아무것도 몰라. 그냥 거기에 대해 추측해 볼 뿐이야. 그보다 나는 클로머와 같은 놈은 결코 아니라는 것을 믿어 줘. 너는 내게 아무것도 빚진 게 없어."

우리들은 한동안 침묵을 지켰습니다. 나는 점점 냉정해졌습니다.

그러나 데미안이 알고 있는 것들은 내게 늘 수수께끼였습니다.

"이제 집에 가야겠다."

그는 이렇게 말하며, 빗속에서 외투를 더욱 바짝 여몄습니다.

"어차피 여기까지 이야기했으니, 네게 꼭 한 가지만 더 말할게. 너는 그놈에게서 벗어나야 해 꼭! 별수가 없다면, 그냥 그를 때려 버려! 네가 그렇게 한다면, 난 아마 감명받게 될 거야. 그리고 원한다면, 난 언제든지 너를 도와주겠어."

나는 새로운 불안에 싸였습니다. 카인의 이야기가 갑자기 생각난 것입니다. 무서웠습니다. 나는 조용히 울기 시작했습니다. 너무 많은 무시무시한 일들이 나를 둘러싸고 있었습니다.

"자, 이제 그만."

하고 데미안은 미소를 지었습니다.

"집으로 가자! 가장 간단한 방법은 죽여 버리는 거야. 그런 문제는 가장 간단히 해치우는 것이 가장 좋은 방법이야. 너와 클로머와의 관계는 결코 좋은 관계가 아냐."

나는 집으로 돌아왔습니다. 1년 동안이나 타향에 있었던 것처럼 느껴졌습니다. 모든 것이 다르게 보였습니다. 나와 데미안 사이엔 무엇인가 희망과도 같은 것이 있었습니다.

나는 더 이상 혼자가 아니었던 것입니다! 그리고 지금에서야 나는 주일마다 나 혼자만의 비밀로 얼마나 지독하게 외로웠던가를 알았습니다.

그리고 몇 번이고 망설이던 생각이 떠올랐습니다. 나의 부모님께 모든 것을 고백하면 나의 죄책감은 덜어지겠지만, 나를 완전히 구제할 수는 없으리라는 생각 때문에 지금까지 부모님께 말을 못 했던 것입니다.

그러나 지금 나는 다른 사람에게, 낯선 사람에게 고해하고픈 욕구를 절실히 느꼈습니다. 구원에 대한 예감이 강렬한 향기처럼 나를 향해 날아왔습니다.

그래도 어쨌든 오랫동안 내 몸에 밴 불안은 극복되지 않았고, 나는 나의 원수와 두려운 대결을 각오하고 있었습니다.

그러나 이후 모든 일이 그렇듯 고요하고 조용히, 아무도 모르게 지나갔고, 이런 것이 나로서는 무척 이상했습니다.

이제 더 이상, 클로머의 휘파람 소리는 우리 집 앞에서 들리지 않았던 것입니다. 하루, 이틀, 사흘, 그리고 일주일이 지나는 동안 아무런 기척도 나지 않았습니다.

'믿을 수 없어! 클로머의 휘파람 소리가 사라지다니! 이러다가 그가 느닷없이 나타나는 것은 아닐까?'

그러나 그는 멀리 사라졌습니다! 이 새로운 자유를 도무지 믿을 수가 없어서, 나는 의혹을 품었습니다. 그것은 내가 다시 클로머를 만날 때까지 그랬습니다.

그는 자일러 골목을 내려오고 있었는데, 나를 보자 움찔 경련을 일으키며, 나와 마주치지 않으려고 곧 뒤돌아 가 버리는 것이었습니다.

이러한 일은 내가 이제껏 겪어 보지 못한 일이었습니다.

'적이 내 앞에서 도망쳤다! 악마가 나를 두려워하며 도망을 간 것이다!'

기쁨과 경이가 내 몸을 휘감았습니다.

그 즈음 데미안이 다시 내 앞에 나타났습니다. 그는 학교 앞에서 나를 기다리고 있었습니다.

"안녕."

나는 반가운 마음으로 말했습니다.

"잘 있었어, 싱클레어? 네가 어떻게 지내나 한 번 보고 싶었어. 이제
그 녀석, 네게 까불지 않지?"

"네가 그렇게 만들었니? 하지만 어떻게? 어떤 방법으로? 이해할 수
없는 일이야. 이제 그는 내 앞에 얼씬도 못해."

"잘됐어. 다시는 나타나지 못할 테지만, 그는 정말로 악질일 수도 있
으니까, 만약 나타나거든 그저 '데미안을 생각해 봐.' 라고 말해 봐."

"그런데 어떻게 된 거야? 녀석을 때려눕히기라도 한 거니?"

"아니, 난 싸움은 그렇게 좋아하지 않아. 단지 너와 이야기했던 것처
럼, 그와 이야기를 좀 했지. 너를 편안히 놔둘 때, 그에게도 이익이
된다는 것을 분명히 보여 줬지."

"그에게 돈을 주진 않았겠지?"

"아니. 그 방법은 벌써 네가 써 봤잖아."

그에게 더 자세히 캐묻고 싶었지만, 그는 곧 가 버렸습니다. 나는 감
사와 부끄러움, 놀람과 불안, 그에 대한 애착과 반항이 뒤엉킨 채, 언젠
가 꿈속에서 느꼈던 그에 대한 고통스런 감정을 가지고 서 있었습니다.

나는 다시 데미안을 만나리라 결심했습니다. 만나면 그와 함께 그 모
든 것에 관해서, 카인의 문제까지도 좀더 이야기해 보고 싶었습니다. 그
러나 그것은 쉽게 이루어지지 않았습니다.

은혜를 느낀다는 것은 내가 믿지 않는 덕목입니다. 아이들에게 그것
을 요구하는 것은 잘못된 일같이 생각됩니다. 그래서 데미안에 대한 나
의 완전한 배은에 대해서도 나는 아무렇지 않았습니다.

내가 오늘날 확실하게 믿는 바는, 만일 그가 나를 클로머의 발톱으로부터 해방시켜 주지 않았다면, 나는 일생 동안 병들고 타락했으리라는 것입니다.

이 해방을 나는 그 당시 벌써 내 소년 시절의 가장 큰 경험으로부터 느꼈으나, 자유를 찾는 기적을 달성하자마자 나는 그를 무시해 버렸습니다.

배은이란 나에게는 이상한 것이 아닙니다. 이상한 것이 있다면, 데미안과 관련된 모든 호기심이 사라져 버린 것이었습니다.

나를 감동시킨 그 비밀을 데미안에게 좀더 자세히 알아보지 않고 어떻게 평온하게 살 수 있었는지, 카인에 관해서, 또 클로머에 관해서, 그리고 독심술에 관해서 좀더 알고 싶은 호기심을 어떻게 잠재울 수 있었는지, 그것이 이상할 뿐이었습니다.

나는 다시 부모님의 착한 아들이 되었습니다. 나의 본성은 될 수 있는 대로 빨리 균형과 휴식으로 돌아오려고 했으며, 갖가지 증오스런 것과 위협적인 일들을 깨끗이 잊어버리려고 했습니다.

이렇게 해서 나의 죄와 불안의 오랜 역사는 놀랍도록 빨리 나의 기억에서 떨어져 나갔습니다. 그러나 다른 한편으로는, 나의 구원자 역시 빨리 잊으려 했음도 알고 있었습니다.

나는 데미안과의 짧은 만남에서 나의 자유를 완전히 확신하게 되었을 때, 그렇게도 갈망해 마지않던 일을 했습니다. 부모님에 대한 고해성사였습니다.

나는 어머니에게로 가서 부숴진 열쇠와 장난감 돈으로 채워진 저금통을 보이고, 나의 거짓말로 인해 사악한 괴로움을 주는 자에게 묶여 있었다는 이야기를 했습니다. 어머니는 모든 것을 이해하지는 못했으나, 저금통과 나의 달라진 시선을 보고는 내가 당신의 착한 아들로 돌아왔음을 알았습니다.

나는 열띤 감정으로 탕아의 귀향 축제 속에 묻혔습니다.

어머니는 나를 아버지에게로 데려가 그 이야기를 반복했고, 방 안은 부모님의 물음과 놀라움으로 가득 찼습니다. 부모님은 부드러운 손길로 내 머리를 쓰다듬어 주셨으며, 나는 오랜 시간의 압박에서 벗어나 안도의 한숨을 내쉬었습니다.

모든 것이 소설과 같았고, 훌륭했으며, 놀라운 조화 속에서 해결되어 갔습니다. 나는 어렵게 되찾은 이 조화 속에 융화되어 갔습니다.

내가 다시 평화와, 아버지의 신뢰를 얻었다는 데 대해 아무리 만족해도 충분하지 않았습니다. 나는 집안의 모범적인 소년이 되었고, 그 어느 때보다도 누나들과 사이좋게 놀았으며, 기도를 드릴 때에는 구원을 받은 자의 마음으로 찬양을 드렸습니다. 이 모든 일은 진심이었으며, 거기엔 어떤 거짓도 없었습니다.

그렇지만 이러한 안정이 완전한 것은 아니었습니다. 그리고 거기에는 바로 데미안이 있었습니다. 나는 그에게 고해했어야 했습니다. 화려하거나 감동적인 것이 되지는 않았겠지만, 그에게 하는 참회는 나에게 훨씬 풍성한 결과를 가져왔을 것입니다.

지금 나는 예전의 낙원과 같은 고향으로 돌아왔고, 관대하게 받아들여졌습니다. 그러나 데미안은 절대로 이 밝음의 세계에 속하지 않을 뿐더러, 이 세계에 어울리지도 않았습니다.

그는 클로머와는 달랐지만 두 번째의 세계, 사악하고 나쁜 세계로 이끄는 또 다른 유혹자로 생각되었던 것입니다.

부모님의 세계로 돌아온 지금, 나는 더 이상 그 두 번째의 세계에 관해서 아무것도 알고 싶지 않았습니다. 막 다시 아벨로 돌아온 지금, 아벨을 포기하고 카인을 찬미하는 일을 도울 수 없었고, 돕고 싶지도 않았던 것입니다.

나는 실제보다 더 어린애같이 행동했습니다. 나는 클로머에 대한 복종을 새로운 복종으로 대신해야 했습니다. 왜냐하면 나는 혼자서 세상을 살아갈 수가 없었기 때문입니다. 그래서 나는 맹목적으로 아버지와 어머니에게 속하기를, 옛날의 사랑하던 '밝은 세계'에 속하는 것을 선택했습니다.

그렇지만 나는 그 세계가 유일한 세계가 아니라는 것을 잘 알고 있었습니다. 만약 내가 그렇게 하지 않았다면, 나는 데미안에게 나 자신을 맡겨야 했을 것입니다. 내가 그렇게 하지 않은 것은 데미안의 사상에 대한 불신 때문이었습니다.

그러나 그것은 사실 내가 불안함을 느꼈기 때문이었습니다.

내가 데미안에게 나를 맡기게 되면, 데미안은 부모님이 요구하는 것보다 더 많은 것을, 훨씬 더 많은 것을 요구할 거라 생각했습니다.

데미안은 충고를 곁들인 비꼼이나 조롱과 같은 자극을 내게 가함으로써, 나를 더욱 독립적인 인간으로 만들려 하리라는 것을 알기 때문이었습니다.

아, 이제야 알게 되었습니다. 세상에서, 자기를 자기 스스로에게 인도하는 길만큼 어려운 것은 없다는 것을!

죄 인

나의 유년 시절, 그러니까 부모님 곁에서의 안온한 생활, 온화하고 밝은 환경과 한가로운 생활이었던 나의 유년 시절에 관해서 이야기를 하자면, 아름답고, 부드러우며, 사랑스러운 기억들뿐일 것입니다.

그러나 내가 이야기하고자 하는 것은 이런 밝고 아름다운 유년의 것이 아닙니다. 나는 나 자신이 스스로에게 도달하기 위해 걸었던 나의 발자취를 말하고 싶은 것입니다.

아름다운 휴식처나 행복의 낙원 등의 매력을 모르는 바 아니지만, 나는 그런 것에만 머물러 있을 수는 없었습니다. 이 모두를 먼 과거의 광채 속에 남겨 두고, 두 번 다시 그 곳에 갈 수 없는 순간이 왔습니다.

이제 나는 사춘기를 맞이한 것입니다. 그러므로 소년 시절에 겪었던 새로운 일, 나를 앞으로 몰아대고 끌고 갔던 것에 관해 이야기하겠습니다.

나의 사춘기는 '다른 세계'에서 왔으며, 내게 불안과 양심의 가책을 함께 가져다 주었습니다. 그것은 혁명적이었기 때문에 나의 평화는 늘 위협받았고, 그럴 때면 '밝은 세계' 속으로 숨어야 된다는 원시적 충동이 아직도 내게 있음을 깨닫곤 했습니다.

이 즈음 나는 그런 밝음과 어둠의 세계 모두를 갈망하는 나이였던 것입니다.

누구나 그렇듯이 이 즈음의 나에게도 천천히 깨어난 성에 대한 감각이 금지된 것으로서, 죄악으로서 나를 습격해 왔습니다. 사춘기의 비밀은 나의 소년 시절의 평화와는 어울리지 않았습니다.

나는 다른 아이들과 다름없이 행동했지만, 이미 더 이상 어린아이가 아니었습니다.

나는 어린아이가 아닌 소년으로서의 이중 생활을 해나갔습니다. 나의 의식은 가정과 허용된 것들 속에서 살면서, 새로이 동터 오는 세계를 부정하고 있었습니다. 그러면서도 감정 밑바닥에서는 꿈과 충동과 소망이 꿈틀거리고 있었습니다.

거의 모든 부모들처럼 나의 부모님 또한 여전히 나를 어린아이 다루듯이 잔소리를 늘어 놓았고, 그런 가운데서 나는 억지로라도 소년 시절

안에 머물 수 있었습니다.

이 점에 있어서 내 부모님에 대한 비난은 하지 않겠습니다. 나를 완성하고, 나의 길을 발견하는 것은 오직 나 자신의 일이기 때문입니다. 그런데 교육을 제대로 받았다는 아이들 대부분이 그렇듯이 나 역시 나의 일을 잘 해 나가지 못했습니다.

나에게 소년 시절의 종말을 고해 준 감정과 환영은 그리 중요하지는 않습니다.

중요한 것은 그 '어두운 세계', '다른 세계'가 다시 생겼다는 것입니다. 예전에는 클로머의 모습이었던 것이 지금은 나 자신 속으로 들어와 버린 것입니다. 그런 까닭에 외부로부터 들어온 '다른 세계'가 다시 나를 다스리게 된 것입니다.

클로머와의 사건 이후 몇 해가 흘러갔습니다. 내 생애의 그 극적이고 죄악에 찬 시절은 아주 멀리 사라져 버려, 마치 짤막한 악몽을 꾼 것 같았습니다.

클로머는 오래 전에 나의 생활로부터 사라져 버렸습니다. 가끔 그와 마주치는 일이 있어도 나는 이제 아무렇지도 않았습니다. 나의 비극의 중심에 선 인물은 클로머가 아니었습니다. 데미안이었습니다.

데미안은 나의 주위에서 완전히 사라져 버리지 않았습니다. 그는 오랫동안 먼 변두리에 있었기 때문에, 볼 수는 있으나 작용하지는 않았습니다. 그런데 점차 가까이 다가와 내게 다시 영향력을 발휘하기 시작했습니다.

데미안에 관해서 알고 있던 것을 회상해 보았습니다. 나는 1년 동안, 혹은 더 오랫동안 그와 이야기하지 않았는지 모릅니다. 나는 그를 피했고, 그 또한 절대로 강제로는 접근하려 하지 않았습니다.

언젠가 한 번 만났을 때, 그는 나에게 목례를 했습니다. 때때로 그의 우정 속에는 냉소와 어떤 비난의 미묘한 울림이 있는 것 같았으나, 그 것은 내 자격지심이었는지도 모르겠습니다. 그와 함께 경험했던 사건과, 그 당시 나에게 작용했던 그 이상한 영향력을, 내가 그랬듯이 그 역시 잊은 것 같았습니다.

가만히 그를 생각해 보니, 그는 늘 내 주위에 있었으며, 내 주의를 끌었던 것 같습니다. 그가 학교에 가는 모습도 종종 볼 수 있었습니다. 혼자서 가거나 다른 상급반 학생들과 함께 가도 그는 늘 낯선 사람처럼 고독한 자기 자신의 세계에 잠겨 걸어갔기 때문에, 그들 사이에서 어떤 하나의 별처럼 느껴졌습니다.

아무도 그를 사랑하지 않았고, 그를 신뢰하지 않았습니다. 단지, 그의 어머니만이 그를 사랑했는데, 그 관계는 어머니와 아들이 아니라 마치 연인 사이처럼 보였습니다.

선생님들도 가능한 한 그를 간섭하려 하지 않았습니다. 그는 훌륭한 학생이었으나, 누구의 마음에도 들려고 하지 않았습니다. 가끔 우리는 소문을 통해 그가 선생님에게 당돌한 도전을 했다든가, 조롱 섞인 말이나 항의를 했다고 들었습니다.

나는 눈을 감고 생각해 봅니다. 그의 모습이 떠오릅니다. 어디일까?

그렇습니다. 우리 집 앞 골목이었습니다. 그 곳에서 어느 날 나는 노트를 손에 들고 스케치하는 그를 보았습니다. 그는 우리 집 문에 새겨진 옛날 문장의 새 모습을 스케치하고 있었습니다.

나는 창가의 커튼 뒤에 숨어서 그를 바라보았습니다.

문장을 향해 있는 그의 주의 깊고 냉정하며 맑은 얼굴을 보았습니다. 그것은 어른의 얼굴이었고, 탐구자나 예술가의 얼굴이었습니다.

우울하지만 의지에 찬 그 얼굴은, 냉정하며 학구적인 눈을 갖고 있었습니다.

그러고 나서 얼마 뒤, 나는 거리에서 다시 그를 만났습니다. 학교에서 돌아오는 길이었습니다. 우리들 모두는 거리에 쓰러진 말 주위에 모여 서 있었습니다.

그 말은 아직도 멍에를 메고 농부의 마차 앞에 누워 있었으며, 콧구 멍을 벌름거리고 무엇을 구하듯이 하늘로 숨을 내뿜고 있었습니다. 거 리의 하얀 먼지는 몸뚱어리에서 흘러내리는 피로 천천히 검게 변해 가 고 있었습니다.

내가 불쾌한 기분으로 그 광경에서 얼굴을 돌렸을 때, 데미안의 얼굴 이 보였습니다. 그는 언제나처럼 가장 뒤쪽에서 편안한 자세로 서 있었 습니다.

그의 시선은 말의 머리 위로 향하고 있었는데 깊고도 조용하며 거의 환상적인, 그러나 정열을 잃지 않는 신중성을 지니고 있었습니다.

나는 그를 오랫동안 바라보았고, 그 때는 인식하지 못했지만 무엇인 가 대단히 특이한 것을 느꼈습니다.

또 다른 모습이 떠오릅니다.

그에게서 어른의 얼굴을 본 것만은 아니었습니다. 나는 더 많은 것을 보았는데, 그 속에는 여자의 얼굴과 같은 그 무엇이 있었고, 어른 같지 도 어린애 같지도 않은, 늙지도 젊지도 않은, 어쩌면 천 살이나 먹은, 우리와는 다른 시간의 낙인이 찍혀 있는 것같이 보였습니다.

그 때는 잘 알지 못했고, 정확히 느끼지도 못했으나, 무엇인가 그와 비슷한 것을 느꼈습니다. 아마도 그는 아름다웠는지도, 내 마음에 들었 는지도, 또는 불쾌했는지도 모르겠습니다. 그것조차도 판단할 수가 없 었습니다. 어쨌든 그는 우리 모두와는 아주 달랐습니다.

그 때의 인상만으로는 이제 더 이상 말할 것이 없습니다. 그리고 아 마 어쩌면 이것까지도 부분적으로는 그 뒤의 인상으로 미루어 만들어졌을지도 모르겠습니다.

그와 다시 가까워진 것은 내가 몇 살을 더 먹은 후였습니다.

데미안은 그 또래 아이들처럼 교회에서 견신례를 받지 않았습니다. 그러자 곧 소문이 따랐습니다. 그가 유대교도이거나 이교도일 거라고들 말했고, 어떤 사악한 종파에 빠져 있다고도 했습니다.

그런데 무슨 이유에서인지 그의 어머니는 그의 동년배보다 2년 늦게 아들을 견신례에 참가시키기로 했습니다. 아마도 견신례를 받지 않은 것이 그의 장래에 대해서 불리한 점이 되지 않을까 우려해서였던 것 같습니다.

그래서 그는 우리와 함께 한 달 간의 견신례 수업을 받게 되었고, 우리는 친구가 될 수 있었습니다.

한동안 나는 그로부터 멀찌감치 떨어져 있었습니다. 그와는 어떠한 관계도 맺고 싶지 않았던 것입니다.

그는 너무나 많은 소문과 비밀에 둘러싸여 있었고, 특히 클로머의 사건 이후 그에 대한 어떤 빚진 것 같은 감정이 나를 혼란스럽게 했던 것입니다.

그리고 그 당시 나는 나 자신의 비밀로 가득 차 있었습니다.

견신례 수업을 받을 즈음 나는 성 문제에 완전히 몰두해 있었기 때문에, 목사님이 아무리 좋은 말씀을 들려주어도 그것이 머리에 들어오지 않았습니다. 그 대신 어떤 자극적인 것을 찾는 것이었습니다.

그런데 이상한 것은 내가 수업에 대해 무관심해질수록 나의 관심은 데미안에게로 쏠린다는 것이었습니다. 그 무엇인가가 우리를 결합시켜 주는 것 같았습니다.

이러한 생각은 어느 이른 아침의 수업 시간에서 비롯되었습니다.

그 날 선생님은 마침 카인과 아벨의 이야기를 하고 계셨습니다. 나는 그 이야기를 거의 제대로 듣고 있지 않았습니다. 졸려서 듣는 둥 마는 둥 하던 바로 그 때, 갑자기 목사님의 목소리가 높아지면서 카인의 표시에 관한 이야기가 들려왔습니다.

그 순간 나는 일종의 감동과 경고 같은 것을 느꼈고, 순간적으로 나는 내 쪽을 향한 어떤 시선을 느꼈습니다. 앞쪽에 앉아 있던 데미안의 얼굴이 나를 바라보고 있었습니다.

그 눈은 무언가를 말하고 싶어하는 것 같았으며, 비웃는 것 같기도 했고, 진지해 보이기도 했습니다. 그러나 그가 나를 지켜본 것은 짧은 순간뿐이었습니다.

나는 갑자기 긴장하여 목사님의 카인과 표시에 관한 말씀에 귀를 기울였습니다. 목사님의 설명을 들으며, 나는 데미안의 견해를 떠올렸습니다.

'선생님 말씀이 다 옳은 것은 아니지, 곧이곧대로 믿으면 안 돼. 얼마든지 다르게 해석할 수가 있는데……. 거기에 관해 비평할 수 있단 말야.'

내가 이렇게 느끼는 순간, 데미안과 나 사이는 다시 연결되었습니다.

그리고 마음뿐만 아니라 몸까지도 그렇게 되었습니다. 그것이 나 스스로 그렇게 만들었는지, 아니면 순전히 우연에 의한 것이었는지는 알 수 없습니다.

며칠 뒤에 데미안은 갑자기 자리를 바꾸어 내 바로 앞자리에 앉았는데, 아침마다 그에게서 나는 기분 좋은 비누 향기를 맡을 수 있었습니다. 그리고 다시 며칠 후에 그는 다시 자리를 바꿔 내 옆에 앉았고, 겨울과 봄 내내 거기에 앉았습니다.

그러자 아침 수업 시간이 완전히 달라졌습니다. 이제 그 시간은 더 이상 졸리거나 권태롭지 않았습니다. 아니, 오히려 나는 그 시간을 좋아하게 되었습니다.

때때로 우리들은 열심히 목사님의 말씀에 귀를 기울였으며, 내 옆에 앉은 데미안은 주목할 만한 이야기나 비판 혹은 의혹을 제기할 만한 부분에서는 내게 눈짓으로 알려 주었습니다.

우리는 종종 수업을 빼먹는 일도 있었지만, 데미안은 수업을 빼먹고 노는 다른 불량스러운 아이들과는 달랐습니다.

그는 선생님이나 학생들에게 매우 상냥했으며, 친절했고, 점잖았습니다. 아무도 그가 크게 웃거나 잡담하거나 선생님의 꾸중을 듣는 광경을 보지 못했습니다.

또 데미안은 무슨 표시와 눈짓만으로도 나를 끌어들이는 법을 알고 있었는데, 이 방법은 아주 기묘했습니다.

"만약 내가 너에게 엄지손가락으로 손짓을 하면, 저 애하고 저 애가 우리를 돌아보거나 목을 긁거나 뭐 그럴 거야."

수업 시간이 되고 내가 그 일에 관해 거의 잊고 있을 즈음, 데미안이 갑자기 눈에 띄는 몸짓으로 자기의 엄지손가락을 나에게 보였습니다.

나는 재빨리 그가 가리킨 학생을 바라보았습니다. 그들은 마치 마술에 걸린 듯 데미안이 의도하는 행동을 하는 것이었습니다.

나는 선생님한테도 한번 주문을 걸어 보자고 했으나, 선생님께는 잘 하려고 하지 않았습니다. 그러나 언젠가 내가 숙제를 해가지 않은 날이었습니다.

"데미안, 나 오늘 숙제를 안 해 와서 그러는데 목사님이 나에게 질문 좀 하지 않게 해 주겠어? 날 좀 도와줘."

"알았어, 오늘뿐이야."

수업이 시작되었습니다. 목사님이 교리문답의 한 구절을 외게 할 학

생을 찾고 있을 때, 그의 방황하던 시선이 죄진 듯한 내 얼굴 위에 머물렀습니다.

천천히 내게로 다가와서는 나를 손가락으로 가리켰고, 곧 내 이름이 그의 입술에서 튀어나오려고 했습니다.

그런데 갑자기 선생님은 혼란과 불안에 빠진 듯이 목의 칼라를 만지작거리며, 자기의 얼굴을 뚫어져라 쳐다보고 있는 데미안에게로 다가갔습니다.

그리고는 그에게 무엇인가 물으려 하는 것 같더니, 다시 고개를 돌리고 잠시 기침을 한 후 다른 학생을 지명하는 것이었습니다.

나는 이 장난이 매우 재미있었습니다. 그런데 때때로 데미안이 나에게도 이와 같은 장난을 하고 있다는 것을 알게 되었습니다.

그러던 어느 날, 학교 가는 길이었습니다. 갑자기 데미안이 좀 떨어져 내 뒤에서 오고 있다는 생각이 들었습니다. 그래서 돌아보았더니 정말로 그가 거기에 있었습니다.

"너 정말로 다른 사람을 네가 원하는 대로 만들 수 있는 거니? 꼭 다른 사람의 마음을 조종하는 것처럼 보이는데."

나는 호기심에 가득 차서 그에게 물었습니다.

그는 어른과 같은 태도로 침착하게 설명해 주었습니다.

"아니, 그렇지 않아. 그런 일은 할 수 없어. 누구에게든 다른 사람을 마음대로 조종할 수 있는 능력은 없어. 내가 원하는 대로 다른 사람의 생각을 바꿀 수는 없어. 그렇지만 어떤 사람을 잘 관찰할 수는 있지. 그러면 다음 순간에 그가 무슨 일을 할 것인지 대부분 예측할 수 있어. 아주 간단해. 사람들이 모르고 있을 뿐이지. 그렇지만 여기에도 많은 연습이 필요해."

"연습이 필요하다고? 그럼, 나도 연습만 하면 너처럼 할 수 있는 거니?"

"그럼. 어떤 일에 모든 주의력과 의지력을 집중하면 가능하지 않은 것은 없어. 내가 말하는 연습이란 그런 거야.

가령, 나비 중에는 암컷이 수컷보다 아주 적은 부나비가 있는데, 이들은 알을 낳을 때가 되면, 아주 먼 곳에서도 단 한 마리의 암컷이 있는 곳을 알아내어 날아오지. 한 번도 와 본 적도 없는데, 누가 가르쳐 준 적도 없는데, 그들은 정확히 암컷 있는 곳에 온다고.

아마, 암컷이 수컷만큼 많았다면 수컷들은 그렇게 날카로운 후각을 갖지 못했을 거야! 수컷들은 그렇게 훈련되었기 때문에, 날카로운 후각을 갖게 되었던 거야. 동물이나 사람이나 주의력과 의지를 집중하면 그런 게 모두 가능해. 그것이 전부야."

그런데 갑자기 의문이 일었습니다.

"그러면 의지는 어떻게 되는 거지? 너는 인간들이 자유 의지를 갖지 못한다고 말했잖아. 그런데 또 너는 의지를 집중시킨다면 모든 게 가능해진다고 말하고 있어. 에이, 말이 어긋나는데? 만약 내가 나의 의지를 내 맘대로 할 수 없다면, 난 아무것도 못하게?"

그는 내 어깨를 두드렸습니다. 내가 그를 기쁘게 할 때면 언제나 그랬습니다.

"잘 물었어. 사람은 항상 의심해야 되고, 물어 봐야 해. 사실은 간단해. 만약에 부나비가 그의 의지를 별이나 그 밖의 다른 어떤 곳에 향하게 한다면, 그건 불가능해. 왜냐하면, 부나비는 오로지 자기에게 의미 있고 가치 있는 것만을 찾기 때문이지. 그렇게 자기들에게 가장 의미 있는 활동 범위에서만 마술 같은 육감을 발달시킬 수 있는 거야. 물론 상상은 할 수 있지. 무조건 북극에 가고 싶다든지 하는 등등. 그러나 그 소원은 내가 정말로 절실하게 원하는 것이어야 해. 그런 조건이 되어 있을 때라야, 마치 좋은 말을 다루듯 네 의지를 다룰 수 있을 거야."

"잘 모르겠는걸? 구체적으로 예를 들어 줘."

"좋아. 만약 내가 지금 우리 목사님이 앞으로는 안경을 더 이상 쓰지 못하시도록 기도한다면 그것은 안 돼. 내가 아무리 전심을 기울인다 해도 그렇게는 할 수 없어. 그것은 단순히 장난이기 때문이지. 그러나 지난 가을에 자리를 옮겨야겠다고 마음먹었을 때에는 완전히 성공했지. 그 때 알파벳 순으로 내 앞에 앉아야 할 아이는 몸이 아파 결석을 하던 아이였는데, 갑자기 출석을 한 거야. 누군가가 자리를 양보해야 했고, 내가 나섰지. 그것은 내 의지가 항상 그 일을 위해 준비하고 있었기 때문이야."

"그래. 그 때 그 일이 난 정말 이상했어. 우리가 서로 관심을 가졌던 그 순간부터 너는 내게 점점 가까이 왔지. 그런데 왜 자리를 다시 옮겼어? 결국 너는 내 옆자리에 와 앉았잖아? 왜 그랬어?"

"그것은 말이야, 처음 자리를 떠나려고 했을 때 내가 어디로 가야 하는지 나 스스로도 잘 몰랐기 때문이야. 너에게 가는 것이 나의 의지였는데 그때까지 나도 내가 그런 줄 알지 못했어. 그런데 그 때, 너 자신의 의지가 나를 끌어 주고 나를 도왔어. 내가 네 앞에 앉았을 때, 비로소 나의 소망이 반쯤 채워졌다고 생각했지. 나는 원래 네 옆자리를 바랐는데 난 그것을 네 앞자리로 간 다음에 알았던 거야."

"그렇지만 그 때는 새로 들어온 아이도 없었는데 어떻게 내 옆자리로 온 거야?"

"그래, 없었어. 난 그냥 내가 하고 싶은 대로 네 옆자리로 옮겨 앉았을 뿐이야. 그리고 네 옆에 앉아 있던 아이는 별 생각 없이 내가 하는 대로 내버려 둔 거고. 그리고 목사님도 뭔가 이상하다고는 느끼셨지만, 목사님의 의식에까지는 미치지 못했어. 내가 그것을 방해했거든."

"어떻게 방해를 했는데?"

"목사님은 데미안이라 불리고 알파벳 D로 시작하는 내가 저 뒤쪽 S 자리에 앉아 있으니, 아무래도 이상하다고 여기셨는지 나를 유심히 바라보셨지. 나는 그럴 때 쓰는 간단한 방법을 알고 있어. 나는 매번 목사님 눈을 똑바로 바라보았어. 대부분 그렇게 바라보면, 사람들은 모두 불안해져 눈길을 피하지. 만약 네가 누구에게 무엇을 요구할 때, 그의 눈을 똑바로 쳐다봐서 그가 전혀 불안해하지 않으면 일찌감치 포기하는 게 좋아. 너는 그에게서 아무것도 얻을 수가 없어. 그렇지만 그것은 매우 드문 일이야. 이런 수법이 통하지 않는 사람은 단 한 명밖에 없을 거야."

"그게 누군데?"

나는 재빨리 물었습니다.

언제나 생각에 잠길 때 하듯이 그는 살며시 실눈을 뜨고 나를 바라보았습니다. 그런 다음 그는 시선을 돌리고, 대답을 하지 않았습니다.

나는 강렬한 호기심을 느꼈지만, 그 질문을 반복할 수는 없었습니다.

그러나 나는 그가 자기 어머니를 떠올렸을 것이라고 생각했습니다. 그는 어머니와 매우 가깝게 지내고 있는 것 같았으나, 어머니에 관해서는 한 마디도 하지 않았습니다. 자기 집에 데려가지도 않았습니다. 나는 그의 어머니에 대해 알지 못했습니다.

그 후로 나는 자주 그와 똑같이 해 보았습니다. 내 의지를 모아서 무엇인가를 이루고자 했던 것입니다. 그것이 내게는 아주 간절한 소망이었습니다.

그러나 그것은 아무것도 아니었고, 성공하지도 못했습니다. 그 점에 관해 데미안과 말할 필요도 없었습니다. 내가 원하는 바를 그에게 고백

할 수가 없었기 때문입니다. 그리고 그도 또한 묻지 않았습니다.

그러는 동안 나의 신앙심에는 많은 틈이 생겼습니다. 그러나 나의 신앙이 데미안으로부터 영향은 받았지만, 신앙이 없는 아이들과는 다르다고 생각하고 있었습니다. 급우들 중에는 신앙이 없는 것이 무슨 자랑이라도 되는 양 떠들어 대는 아이들도 몇몇 있었습니다.

"야, 오직 하나의 하느님만을 믿어야 하다니, 정말 우습지 않냐? 도대체가 인간답지 못하다니까. 그리고 생각을 좀 해 봐. 어떻게 인류의 구원자라는 예수가 처녀의 몸에서 태어날 수가 있냐 말이야. 이런 얼토당토않은 얘기를 아직까지도 믿고 있다니, 정말 창피한 일이야!"

그러나 나는 절대로 그렇게 생각하지 않았습니다. 의심을 품기는 했어도 나의 부모님처럼 신앙심 안에서 누리는 경건한 생활이 있다는 것, 그리고 그것은 결코 가치 없는 것도, 위선적인 것도 아니라는 것을 알고 있었습니다.

오히려 종교적인 것 앞에서 나는 경외감과 두려움을 가지게 되었습니다. 다만 데미안의 영향으로 성경의 구절이나 교리를 좀더 자유롭고 환상적으로 바라보고 해석하는 데 길이 들었을 뿐입니다.

나는 그가 보여 준 해석을 언제나 즐겁고 만족스럽게 따랐습니다. 카인에 대한 것도 그랬지만 많은 것이 나에게는 과격하게 보였습니다.

그리고 한 번은 견신례 수업 중에 대담한 해석을 해서 나를 놀라게 했습니다.

선생님은 골고다에 관해서 말씀하셨습니다. 구세주의 고난과 죽음에 관한 이것은, 내가 아주 어렸을 때부터 깊은 인상을 갖고 있던 부분이었습니다.

내가 어렸을 때——간혹 예수 수난일 같은 날——아버지가 고난의 이야기를 낭독하시고 나면 나는 진정으로 감동이 되어 이 고난이 가득 찬 겟세마네 속에, 그리고 골고다 위에 머물러 있곤 했던 것입니다.

그런데 데미안은 그 시간이 끝날 무렵 나에게 이렇게 말하는 것이었습니다.

"뭔가가 이상해. 싱클레어, 다시 한 번 그 이야기를 읽고 입 속에서 음미해 봐. 거기엔 김빠진 맛이 나는 게 있어. 두 도둑놈에 관한 일 말이야. 이 정직한 도둑에 대한 성경의 감상적인 얘길 좀 봐! 그는 범죄자였고 수치스러운 짓을 범했다는 걸 모르는 사람이 없는데, 별안간 착한 사람이 되어 지난 일을 후회한다니 이해가 되니? 이건 순전히 달콤하고 감동적인 얘기로 교화하려는 목사님의 설교일 뿐이야.

만약 둘 중에 신뢰할 수 있는 사람을 고르라면, 이 울기 잘하는 개종자보다는 성격 강한 도둑을 선택하겠어. 그는 최후까지 자신의 길을 가거든. 그는 개성이 강한 사람이야. 성경에서는 언제나 개성 있는 사람이 손해를 보지. 넌 그도 카인의 후예일 거라고 생각하지?"

나는 몹시 당황했습니다. 나는 이 십자가 고행 이야기만큼은 아주 잘 안다고 믿었었는데 그것이 아니었습니다. 나는 비로소 내가 얼마나 곧이곧대로 믿어 왔나를 깨달았습니다.

데미안의 새로운 사상은 내게 치명적이었습니다. 그것은 계속하여 진리라고 믿어 왔던 이제까지의 나의 생각을 단번에 뒤엎는 것이었습니다.

'아냐. 절대로 모든 것을, 그리고 가장 신성한 것까지 이런 식으로 말할 순 없어.'

그는 언제나처럼 내가 말하기도 전에 나의 거부감을 알아챘습니다.

"아, 알고 있어."

그는 체념한 듯 말했습니다.

"그건 옛날 이야기야. 너무 심각하게 생각하지 마! 하지만 네게 말해 주고 싶어. 이 종교의 치명적인 결점 하나가 여기에 있거든.

성서에서 보이는 하느님은 완벽하고 훌륭한 모습이시지만, 그것이 하느님 원래의 모습은 아니라는 데 문제가 있어.

하느님은 선한 것, 고귀한 것, 아버지와 같은 것, 아름다운 것이지. 백 번 옳은 말이야. 그러나 세상은 다른 것으로도 이루어져 있어. 그런데 그 다른 것을 모두 악마의 세계로 돌려 버렸기 때문에 세상의 절반은 숨겨지고 있어.

하느님은 생명의 근원이라면서, 생명의 근원을 이루는 모든 성적인 생활을 죄와 같이 부정하고 있단 말이야! 나는 우리가 인정하는 반쪽 세상뿐만 아니라, 숨겨진 반쪽까지도 모두 숭배하고 성스럽게 생각해야 된다고 봐."

그는 격렬하게 말했으나, 곧 다시 미소를 지었습니다. 그리고는 더 이상 나에게 강요하지 않았습니다.

그러나 이 이야기는 내 마음속에 언제나 남아 있으면서, 누구에게도 말하지 못했던 나의 소년 시절의 수수께끼 바로 그것이되었습니다.

데미안이 말한 공인된 하느님의 세계와 묵살된 악마적인 세계 이야기는 바로 나 자신의 생각이었고 신화였습니다. 나는 비로소 나의 문제가 모든 사람의 문제라는 것을 깨달았습니다.

그 깨달음은 나에게 무엇인가 만족스러운 기분을 안겨 주었지만, 그리 기쁘지는 않았습니다.

왜냐하면, 그 속에는 나 자신이 더 이상 어린애가 아니며, 이제 책임감을 가지고 독립적으로 살아가야 된다는 의미가 포함되어 있었기 때문입니다.

나는 난생처음으로 아득한 유년 시절부터 있어 온 '두 개의 세계'에 대한 나의 생각을 데미안에게 털어놓았습니다.

내 이야기를 들으며 데미안은 알아차렸습니다. 내가 마음속 깊이 그와 통했기 때문에, 나의 영혼 속 고해성사를 그에게 하고 있다는 것을 말입니다.

그는 그 어느 때보다도 주의 깊게 내 이야기를 들어주었습니다. 그리고 내 눈을 들여다보았는데, 나는 그의 눈길을 마주 볼 수 없었습니다. 그의 시선 속에서 다시 시간의 초월과 상상할 수 없는 연령을 보았기 때문입니다.

"우리 거기에 대해서 언제 한 번 더 이야기해 보자."

그는 진심으로 아껴 주듯 말했습니다.

"네가 말한 것보다 훨씬 더 많이 생각했다는 걸 알고 있어. 네가 생각하는 것 전부를 경험해 보지 못했다는 것도 알 거야. 그건 좋은 일이 아냐. 경험할 수 있는 생각만이 가치가 있거든. 너는 너의 그 '허용된 세계'가 세계의 절반이라는 것도 알고 있어. 그리고 너는 부모님이나 목사님이 그랬듯이, 그 두 번째 반쪽을 은폐하려고 했지. 그렇지만 잘 안 될걸? 일단 사색하기 시작한 사람은 누구도 그렇게는 안 돼."

이 말은 내 가슴 깊이 와 닿았습니다.

"하지만 금지되고 증오할 만한 일이 있는 건 사실이잖아! 그리고 또 그런 것들이 존재한다고 해서 우리가 범죄자가 되어야 할 필요는 없잖아?"

나는 외치다시피 물었습니다.

"오늘 당장 그 문제를 해결할 순 없어."

그는 나를 위로했습니다.

"그래, 우리가 도둑질을 하거나 사람을 죽여서는 안 되지. 그건 별개의 문제야. 너는 아직 '허용된 것'과 '금지된 것'을 구분할 줄 몰라.

이를테면 한 1년 전부터 네 속엔 아주 강한 하나의 충동이 생겼지. 그 것은 '금지된 것'이라고 생각되는 거야.

그런데 이 충동을 다른 민족들은 오히려 하나의 축제로 만들어 숭배 했어. '금지된 것'이 영원히 금지되는 것은 아냐. 그것은 변할 수 있으 니까.

그건 민족마다 달라. 같은 시대를 살더라도 다른 풍습과 문화를 가지 면 또 달라지는 거야. 그러니까 우리들 각자는 우리에게 무엇이 허락 되어 있고, 무엇이 금지되어 있나를 스스로 찾아야 돼. 안일하게 살아 온 사람은 이 때까지 있어 온 금지된 명령에 복종하게 마련이지.

하지만 다른 사람들은 스스로 그들 내부에서 새로운 계명을 세우기 때문에, 신사적인 일도 그들에게 금지되기도 하고, 금지되어 있는 일 도 그들에게 허용되기도 하는 거야. 모든 사람은 자기 자신에 대해 책임을 지지 않으면 안 돼."

그는 갑자기 너무 많이 이야기한 것을 후회하는 듯 말을 멈추었습니 다.

나는 그 때 그가 왜 갑자기 입을 다물었는지 대충 알 수 있었습니다. 그는 언젠가 그가 말한 대로 '단지 지껄이기 위한' 이야기를 아주 싫어 했습니다.

그러나 그 때 나는 단순히 재담의 기쁨을 즐기고 있었습니다. 이러한 나의 진지하지 못한 마음을 그는 느꼈던 것입니다.

이와 관련하여, 갑자기 다른 장면이 다시 떠오릅니다.

그 장면은 가장 인상 깊은 것이었습니다. 이것은 아직 반쪽은 어린애 였던 그 시절에 데미안과 함께 경험한 것입니다.

우리의 견신례가 가까워졌습니다. 종교 수업의 마지막 몇 시간은 〈최 후의 만찬〉에 관한 것이었습니다. 목사님에게 그것은 대단히 중요했습니다.

선생님은 열의를 가지고 설명하셨고, 나는 수업 중에 신성한 분위기를 느낄 수 있었습니다.

그러나 수업이 끝날 즈음, 내 생각은 데미안에게로 달려가고 있었습니다.

지난 수개월에 걸쳐 계속되어 온 종교 교육이 내게는 그다지 가치 있게 생각되지 않았습니다. 도리어 데미안의 영향을 받은 것이 더 가치있다는 생각이 들었습니다.

'내가 견신례를 위한 공부를 하고 마음을 경건히 갖는 것은, 교회라는 공동체로 들어가기 위한 것이 아니다. 교회와는 전혀 다른, 이 세상 어딘가에 있을 사상과 인격을 교리로 내세우는 교단에 들어가기 위해서다. 그리고 그 교단의 대표는 바로 데미안이다…….'

나는 이런 생각을 떨쳐 버리려 애썼지만, 아무리 해도 떨쳐 버릴 수 없었습니다. 견신례를 품위 있게 마쳐야겠다고 생각했지만 나의 사상과는 조화를 이루지 못했습니다.

점차 교회 의식이 가까워오자, 나는 이 의식을 다른 애들과는 다른 마음으로 마칠 각오를 했습니다. 즉, 데미안이 대표가 되는 교단의 일원이 되는 것으로 받아들이겠다고 마음먹은 것입니다.

그 당시 나는 그와 활발하게 토론하곤 했습니다. 그는 좀 건방지고 점잔을 빼는 듯한 내 이야기를 좋아하지 않았습니다.

"우리는 너무 많이 지껄여."

그는 전에 없이 진지하게 말했습니다.

"재치 있는 말은 아무 가치도 없어. 단지 자기 자신에게서 떨어져 나갈 뿐이야. 자기 자신에게서 떨어져 나가는 것은 죄악이야. 사람은 거북이처럼 자기 자신 속으로 완전히 숨어 버릴 수 있어야 돼."

그리고 우리는 교실에 들어갔고, 곧 수업이 시작되었습니다. 나는 수업에 주의를 기울이려고 노력했습니다.

잠시 후에 나는 내 옆에 앉아 있는 그의 자리 쪽에서 무엇인가 공허하고 차가운 기운, 불시에 자리가 텅 빈 듯한 느낌을 받았습니다. 나는 옆자리로 고개를 돌렸습니다.

내 친구는 여느 때와 마찬가지로 꼿꼿한 자세로 앉아 있었습니다. 그렇지만 그는 보통 때와는 아주 다르게 보였습니다.

내가 알 수 없는 무언가가 그를 에워쌌습니다. 나는 그가 눈을 감았다고 생각했으나, 자세히 보니 눈을 뜨고 있었습니다. 그러나 그는 아무것도 보고 있지 않았습니다. 두 눈은 꼼짝 않고 내면의 아주 먼 곳으로 향해 있었습니다.

전혀 움직임 없이 그는 거기에 앉아 있었고 숨조차 쉬는 것 같지 않았으며, 입은 마치 나무나 돌로 만든 조각같았습니다.

얼굴은 창백했고 핏기도 없었습니다. 그의 갈색 머리카락만이 생기가 있었습니다. 책상 위에 놓인 그의 손도 전혀 움직임이 없었습니다.

이 광경을 보자 몸이 오싹했습니다.

'죽었다!'

나는 하마터면 이렇게 큰 소리로 말할 뻔했습니다.

그러나 나는 그가 죽지 않았다는 것을 알았습니다. 나는 곤혹스러운 시선으로 돌과 같아진 그 얼굴을 쳐다보았습니다. 이 모습이야말로 진정한 데미안이라고 느껴졌습니다.

나와 걷고 이야기했던 보통 때의 친절하고 자상한 그는 때때로 연기를 했던 그의 반쪽에 불과했습니다. 이처럼 아름답기도 하고 차갑기도 하며, 동물이나 혹은 바위와도 같은 모습이야말로 진짜 데미안인 것 같았습니다.

'지금 그는 완전히 자기 자신 속으로 침잠해 버렸다.'

나는 몸을 부르르 떨며 속으로 그렇게 외쳤습니다. 나는 이렇게 고독해 본 적이 없었습니다. 나는 그와 아무런 관계가 없었고, 그는 바다 위에 떠 있는 섬처럼 멀게만 느껴졌습니다.

'아, 왜 다른 사람은 데미안을 보지 못하는 걸까? 데미안의 저런 모습이 보이지 않는단 말인가? 이해할 수 없는 노릇이야. 모두 이쪽을 봐! 정말 소름이 돋을 정도라고. 이 전율이 안 느껴지니?'

이런 생각으로 주위를 둘러보았으나, 아무도 그를 쳐다보는 사람은 없었습니다.

'어디에, 그는 어디에 있는 걸까? 무엇을 생각하고, 무엇을 느끼고 있는 걸까? 천국에 있을까? 지옥에 있을까?'

거기에 관해서 묻는 것은 나로서는 불가능했습니다.

수업이 끝나고 그가 다시 살아서 숨쉬는 것을 보았을 때, 그리고 그의 시선과 마주쳤을 때 그는 예전과 다름없었습니다.

'그는 어디서 온 걸까? 어디에 있었을까?'

그는 피로한 것 같았습니다. 그의 얼굴에는 화색이 돌고 손도 다시 움직였지만, 갈색 머리카락은 여전히 광채가 없고 지친 것 같았습니다.

그 후 며칠 동안 나는 침실에서 여러 번 하나의 새로운 연습에 몰두했습니다.

의자 위에 꼿꼿하게 앉아 눈길을 고정시키고 완전히 움직이지 않고 얼마나 오랫동안 지속할 수 있는지, 또 동시에 무엇을 느끼게 되는지를 기다리고 있었습니다.

그렇지만 나는 단지 피로해지고 눈꺼풀이 지독하게 간지러울 뿐이었습니다.

그로부터 얼마 지나지 않아 우리는 견신례를 받았습니다. 거기에 대해서는 어떤 중요한 추억도 나에게 남아 있지 않습니다.

이 때부터 모든 것이 변했습니다. 소년 시절이 나에게서 떨어져 나간 것입니다.

부모님은 몹시 당황스러운 표정으로 나를 바라보았습니다. 누나들도 점점 낯선 사람들이 되었습니다.

정원은 향기를 잃었고 숲은 내 마음을 유혹하지 못했으며, 세상은 마치 고물상처럼 무미건조하게 내 주변에 둘러싸여 있었습니다. 책은 종이 조각에 불과했으며 음악은 소음이었습니다.

방학이 끝난 뒤에 나는 다른 학교에 가기 위해, 처음으로 집을 떠나야만 했습니다.

때때로 어머니가 나에게 오셔서는 아주 다정하게 미리 이별을 말하고, 사랑과 향수와 잊을 수 없는 추억들을 내 가슴속에 마술처럼 심어주려고 하셨습니다.

데미안은 여행을 떠났습니다.

그리고 나는 혼자 남게 되었습니다.

베아트리체

나는 데미안을 다시 보지 못한 채, 방학이 끝나자 새로운 도시를 향해 떠났습니다. 부모님이 함께 오셔서 대단히 치밀한 계획을 세우고, 나를 김나지움(중학교)의 어느 기숙사에 맡기셨습니다. 만일 그 때 부모님이 어떤 놈들 속으로 나를 보냈는지를 아셨다면, 놀라서 기겁을 하셨을 것입니다.

문제는 항상 내가 선량한 아들이 되고 쓸모 있는 시민이 될 수 있는지, 또는 내 천성이 이끄는 다른 길로 나아갈 것인지에 있었습니다. 아버지의 세계 속에서 행복해지려던 나의 마지막 노력은 오랫동안 계속되었고, 때때로 성공한 것처럼 보이기도 했습니다. 그러나 결국은 완전히 실패로 돌아가고 말았습니다.

견신례 뒤의 휴가 동안 처음으로 느껴 본 이상한 공허와 고독감은 그렇게 쉽게 사라지지 않았습니다. 고향과 이별하는 것은 아주 쉬웠습니다. 나는 조금도 슬프지 않은 것이 부끄러울 정도였습니다.

누나들은 이유 없이 울었습니다. 그러나 나는 그렇게 할 수 없었습니다. 나는 나 자신에 대해서 놀랐습니다. 그 때까지의 나는 항상 감정이 풍부한 어린애였고, 천성이 아주 선량한 아이였습니다.

그러나 지금의 나는 아주 많이 변했습니다. 외부 세계에 대해서는 전혀 무관심해졌으며, 온종일 내부에 소리에 귀를 기울이며 내 마음속 깊이 흐르는 어두운 강물 소리를 듣는 데에만 몰두했습니다.

이 반년 동안에 나는 아주 빨리 성장했으며, 키가 크고 몸은 야위어졌습니다. 몸은 아직 성숙하지 않았으나 세상을 보는 눈은 달라졌습니다. 소년다운 상냥함도 나에게서 사라진 지 오래였습니다.

나는 사람들이 나를 사랑할 수 없으리라는 것을 느꼈습니다. 나 자신도 결코 나를 사랑하지 않았습니다. 데미안에 대해서 나는 때때로 말할 수 없는 그리움을 느꼈습니다.

그러나 한편으로는 그를 싫어했으며, 정신적으로 메말라 가는 내 생활의 책임을 그에게 돌렸습니다.

처음에 기숙사에서 나는 그 누구의 사랑을 받지도 못했을 뿐더러 주의를 끌지도 못했습니다. 동급생들은 나를 조롱했고, 그리고는 나로부터 떨어져 갔습니다.

"넌 위선자야. 자식, 아주 기분 나쁘고 이상한 놈이야."

그런데 나는 그 역할이 아주 마음에 들었습니다. 그래서 그런 태도를 더욱 과장했고, 점점 더 자신의 고독 속으로 기어 들어갔습니다.

겉으로는 남자다운 척 세상을 멸시하는 듯한 태도를 보였으나 온몸을 파고드는 슬픔과 절망의 발작에 남모르게 시달리고 있었던 것입니다.

이 학교는 내가 다니던 라틴 어 학교에 비해 좀 뒤떨어져 있었으며, 나는 스스로 조숙하다고 생각했기 때문에 내 나이 또래 아이들을 어린애 취급하고 경멸하곤 했습니다.

1년 이상의 세월을 그렇게 지냈습니다. 방학을 맞아 몇 번 고향에도 돌아가 보았으나 새로워진 것은 아무것도 없었습니다. 나는 기꺼이 학교로 돌아왔습니다.

11월 초순이었습니다. 나는 이따금 생각에 잠겨 거리를 산책하곤 했습니다. 산책 도중에 나는 가끔 황홀감을 맛보곤 했는데, 그것은 일종의 세상에 대한 멸시와 자기 멸시로 뒤섞인 황홀감이었습니다.

땅거미가 질 무렵의 안개 낀 외곽을 거닐고 있던 어느 날 저녁이었습니다.

공원의 텅 빈 가로수길이 나를 유혹했습니다. 길은 흩어진 나뭇잎으로 덮여 있었습니다. 나는 어떤 쾌감을 느끼면서 그 나뭇잎을 발로 파헤쳤습니다. 습하고 쓴 냄새가 올라왔습니다. 안개 속에서 먼 곳의 나무들이 마치 유령처럼 그림자를 드리우고 있었습니다.

가로수길 끝에서 나는 검은 나뭇잎을 바라보며 축축한 죽음의 향기를 들이마셨습니다. 나의 내부에서 무엇인가 그것에 대답했고, 인사를 했습니다.

'아! 인생이란 얼마나 허무한 것인가!'

옆길에서 깃 달린 외투를 바람에 나부끼며 한 사람이 다가왔습니다. 내가 계속 걸어 나가려고 했을 때 그 사람이 나를 불렀습니다.

"야! 싱클레어!"

그가 내게로 다가왔습니다. 우리 기숙사에서 가장 나이가 많은 알퐁스 벡이었습니다. 나는 그에게 호감을 가지고 있었습니다. 가끔씩 어른인 체하는 것만 뺀다면 더없이 좋은 친구였습니다. 그는 곰처럼 힘이 센 아이로 통했는데, 기숙사의 선생님마저도 그를 어쩌지 못할 정도여서 학생들의 우상이 되어 있었습니다.

"여기서 뭘 하고 있지?"

그는 어른들이 아이들에게 쓰는 듯한 어조로 상냥하게 말했습니다.

"이봐, 음……. 내가 말해 볼까? 너, 시를 짓고 있었지?"

"아냐!"

나는 무뚝뚝하게 부인했습니다.

그는 큰 소리로 웃으며 내 옆으로 오더니 나와 나란히 걸었습니다. 이런 일은 전혀 내 계획에 없던 일이었습니다.

"싱클레어, 내가 그것을 알아 버렸다고 불안해할 필요는 없어. 이런 가을 저녁, 안개 속을 상념에 잠겨 걸어갈 때는 다 뭐가 있는 거야. 또 시라도 짓고 싶어지고. '자연이 빛을 잃고 스러져 가는구나, 그와 더불어 나의 젊음도 스러져 가는구나.' 어때, 하인리히 하이네 정도는 되지?"

"난 그렇게 감상적인 사람이 아냐."

나는 볼멘소리로 항의하듯이 말했습니다.

"그래, 아무러면 어때. 그러나 이런 날엔 포도주 한잔 마실 수 있는 아늑한 곳을 찾아가는 것도 멋질 것 같은데. 어때, 같이 가지 않을래? 마침 나도 혼자고……. 싫어? 굳이 네가 모범생이고자 한다면 유혹하진 않겠지만 말야."

그러고 나서 얼마 뒤, 우리는 교외에 있는 조그만 술집에 앉아 술잔을 부딪치고 있었습니다. 처음에는 내키지 않았으나, 어쨌든 무엇인가 새로운 맛이 났습니다.

그러나 술에 익숙하지 않은 나는 금방 취했고, 잔뜩 떠벌리기 시작했습니다.

내 속에서 하나의 창문이 열리는 것 같았습니다. 온 세상이 밝게 비춰지는 기분이었습니다.

사실 오랫동안, 굉장히 오랫동안 나는 마음속으로부터 우러나오는 이야기를 해 본 적이 없었던 것입니다. 나는 쉴 사이 없이 지껄여 대며, 카인과 아벨의 이야기를 아주 멋들어지게 들려주었습니다.

벡은 흥미롭게 내 이야기를 들어주었습니다. 드디어 나는 무엇인가를 이야기할 수 있는 사람을 찾아냈던 것입니다.

"야, 너 정말 대단한 놈이로구나! 넌 천재야!"

그는 내 어깨를 치면서 말했습니다.

이야기하고 싶은 욕구를 마침내 풀어놓고, 또 나이 든 학생으로부터 제법이라는 평가를 받은 데 대한 기쁨으로 내 가슴은 부풀어올랐습니다.

그가 나를 천재라고 칭찬해 주었을 때, 그 말은 달콤하고 독한 포도주처럼 내 마음속으로 흘러들었습니다. 세계는 새로운 빛으로 타오르고, 생각은 수백 개의 콸콸 솟는 샘에서 흘러내렸습니다.

우리는 선생님과 동급생들에 대해서도 이야기했으며, 서로 멋지게 이해할 수 있는 사이처럼 생각되었습니다. 우리는 그리스도와 이교도에 대해서도 이야기했습니다.

그리고 벡은 짓궂게도 내 연애 사건을 고백시키려고 했습니다.

"야, 너 사랑해 본 적 있지? 이제 그 얘기 좀 들어 보자, 어서."

나는 더 이상 이야기를 이어 나갈 수 없게 되었습니다. 이야기를 끄

집어 낼 정도의 연애를 경험해 보지 못했기 때문입니다. 내 마음속에서 느낀 것, 꾸며 낸 것, 상상한 것은 내 속에서 불타오르고 있었으나, 술의 힘으로도 그 이야기는 풀리지 않았습니다.

계집애들에 관해서는 벡이 훨씬 많이 알고 있었습니다. 나는 그 이야기에 열심히 귀를 기울였습니다. 그를 통해 믿을 수 없는 일들에 대해서도 알게 되었고, 결코 있을 수 없다고 생각하던 일도 평범한 현실이 되어 다가왔습니다.

알퐁스 벡은 열여덟 살쯤 되었는데, 벌써 많은 경험을 가지고 있었습니다.

"이봐, 계집애들이란 그저 기분을 맞춰 주고 친절하게 대해 주는 것밖에는 아무것도 원하지 않는 존재들이야. 알아? 그것은 참으로 근사하게 보이지만 진실은 아니지. 음⋯⋯. 효과를 바란다면 부인들에게서 더 성공을 거둘 수 있지. 부인들이 훨씬 영리하거든.

이를테면 노트나 연필을 파는 가게의 야겔트 부인 같은 경우엔 아주 잘 통하지. 그 여자네 카운터 뒤에서 일어났던 온갖 일들은 아마 어떤 책에서도 볼 수 없을걸?"

나는 깊이 매료되어 정신을 빼앗긴 채 앉아 있었습니다. 그런 일은 생전 들어 본 적도 없었습니다. 어른들의 세계에는 내가 한 번도 꿈꾸어 본 일이 없는 샘이 흐르고 있는 것 같았습니다.

사실 거기에는 허풍도 들어 있었습니다. 그리고 그것들은 모두 내가 생각하던 사랑의 맛보다는 훨씬 덜했고 평범했습니다. 어쨌든 그것은 사실이었고, 생활이었으며, 모험이었습니다. 그리고 그것을 경험했고, 그것을 당연하다고 생각하는 사람이 내 옆에 앉아 있었습니다.

우리의 대화는 좀 저속한데다 아무 내용도 없었습니다. 나는 지금 더이상 귀염성 있는 천재 소년이 아니라, 시시껄렁한 연애 이야기에 귀를 기울이고 있는 평범한 소년에 불과했습니다.

그렇긴 해도 지난 수개월 동안의 생활에 비한다면 지금 이 순간이야 말로 낙원과 같았습니다. 더욱이 금지된 어떤 일을 하고 있다는 긴장감이 쾌감을 한층 높여 주었습니다. 사실 술집에 앉아 있는 것도, 연애에 관한 이야기를 주고받는 것도, 종교에 관한 비판도 모두 학교에서 금하고 있는 일이었습니다.

아무튼 나는 그 속에서 살아 있는 감정과 혁명을 모두 맛보았습니다.

그날 밤에 일어난 일은 나는 아주 생생하게 기억합니다.

우리들이 밤늦게 희미한 가스등 옆을 지나, 차갑고 눅눅한 귀로에 올랐을 때, 나는 처음으로 몹시 취해 있었습니다.

그것은 아름답기는커녕 몹시 고통스러웠으나, 무엇인가 매력적이고 달콤한 것을 갖고 있었습니다. 그것에는 반란과 방종이 있었으며, 생명이 끓어 넘치고 있었습니다.

벡은 나를 코흘리개 어린아이라고 하면서도 부지런히 돌봐 주었습니다. 그는 나를 반쯤 안다시피 해서 기숙사로 돌아왔고, 열린 복도 창문으로 살짝 숨어 들어가는 데 성공했습니다.

나는 죽은 듯이 잠들어 있었으나, 얼마 후 고통에 못 이겨 잠에서 깼습니다.

술은 이미 깨어 있었고, 미칠 듯한 슬픔이 나를 엄습해 왔습니다. 나는 침대에 일어나 앉았습니다. 아직도 낮에 입었던 옷을 그대로 입고 있었습니다.

방바닥에는 양복과 구두가 여기저기 흩어져 있었으며, 담배 냄새와 토한 음식의 냄새가 코를 찔렀습니다. 두통과 구토와 미칠 듯한 갈증 사이에서 나는 오랫동안 보지 못했던 하나의 광경을 떠올렸습니다.

나는 고향과 우리 집을, 아버지와 어머니를, 누나들과 정원을 보았습니다. 고요하고, 아늑한 침대를 보았으며, 학교와 시장을 보았고, 데미안과 견신례 수업을 보았습니다. 이 모든 것은 밝은 광채에 둘러싸여 거룩하고 순결했습니다.

그리고 모든 것은 어제까지도, 그리고 몇 시간 전까지도 나에게 속해 있었고, 나를 기다리고 있던 것들이었습니다.

그런데 지금 그것들은 저주받았으며, 더 이상 나에게 속해 있지 않은 데다, 나를 저버리고 더러운 듯이 나를 바라보고 있었습니다.

나는 비탄에 빠져 나 자신에 대한 혐오와 분노로 괴로워해야 했습니다.

이런 비참함 가운데서도 나는 어수선한 자유와, 봄과 같은 기운을 느꼈습니다.

나는 그 무렵 몹시 타락해 갔습니다. 우리 학교에는 음주와 폭력이 난무했습니다. 학교에는 술집을 드나들며 늘 말썽을 피우는 패거리들이 있었습니다.

나도 그들 무리에 끼여 있었습니다. 그들 속에서 나는 가장 나이가 어렸지만, 그들의 대장격으로 대담하게 술집을 찾는 단골손님이었습니다.

몇 년 전 간신히 빠져 나왔던 어두운 세계에 다시 발을 들여놓은 것이었습니다.

나는 이들 악마의 패거리 속에서 멋진 녀석으로 통했습니다. 동시에 내 마음은 비참함으로 가득 찼습니다. 나는 나 스스로를 좀먹는 방탕 속에 있었기 때문입니다.

나는 친구들 사이에서는 대장이었으며, 멋진 녀석이고, 재치 있는 녀석으로 통했지만, 마음은 늘 허기가 졌으며 슬픔은 내 곁을 떠나지 않았습니다. 내 영혼은 언제나 불안하게 흔들리고 있었습니다.

일요일 오전에 술집을 나오면서, 깨끗하게 머리를 빗고 주일 예배를 보러 가는 어린아이들의 해맑은 모습을 보았을 때, 눈물이 흘러내리던 것을 아직도 잊을 수가 없습니다.

술집의 더러운 탁자에 앉아 거품이 넘치는 맥주를 마시면서 방탕한 이야기와 날카로운 냉소로 친구들을 즐겁게 해 주었으나, 나의 가슴속에서는 거꾸로 내가 조소했던 모든 것을 존경하곤 했습니다.

나는 마음속으로 나의 영혼 앞에, 나의 과거 앞에, 어머니와 하느님 앞에 무릎을 꿇고 울고 있었습니다.

그런 까닭에 나는 술친구들과 어울리면서도 결코 그들과 하나가 되지는 못했습니다. 나는 그들 사이에서 고독했고, 마음속의 갈등으로 늘 괴로웠습니다.

나는 가장 거친 녀석들이 좋아하는 술집의 영웅이었고, 제일가는 험담가였습니다. 나는 선생님과 학교, 부모님과 교회에 대한 이야기에서 재치와 용기를 보여 주었으며, 음담패설에서도 전혀 뒤지지 않았습니다.

그러나 술친구들이 여자에게 갈 때엔 절대로 함께 가지 않았습니다. 내 이야기만으로 따져 보면 나는 영락없는 술꾼에 향락가여야 했지만, 사실 나는 외로웠으며, 사랑에 대해 이글거리는 동경과 희망 없는 그리움에 차 있었습니다.

나보다 더 상처받기 쉽고, 수줍어하는 사람도 없을 것입니다.

때때로 내 앞을 지나가는 아름답고 깨끗하며 밝고 우아한 소녀를 볼 때마다 나는 굉장히 순결한 꿈을 꿀 수 있었습니다. 그 소녀들은 나보다 천 배나 선량하고 결백한 듯 보였습니다.

나는 야겔트 부인의 종이 가게에는 가지 않았습니다. 내가 그 여자를 보거나, 알퐁스 벡이 그 여자에 관해 들려준 이야기를 생각할 때면 얼굴이 붉어졌기 때문입니다.

새로운 친구들을 사귀었지만 그들 속에서도 나는 늘 고독했고, 그들과 다른 생각에 잠기면 잠길수록 더욱더 그들로부터 벗어나기가 어려웠습니다.

술을 마시고 떠드는 일에 단 한 번이라도 만족해 본 적이 없었고, 또한 술 마시는 일에 익숙하지 않았기 때문에 나는 매번 고통스러운 결과를 맛보아야 했습니다. 모든 것이 강요된 것과 같았습니다.

나는 달리 어떻게 해야 될지 몰랐기 때문에 그저 그렇게 했을 뿐이었습니다. 나는 오랫동안 홀로 있는 것이 두려웠습니다. 그리고 때때로 찾아오는 사랑에 대한 갈망에 무서울 정도의 불안을 느꼈습니다.

나에게 가장 부족한 것이 하나 있었습니다. 그것은 친구였습니다. 내가 만나기를 좋아하는 두서너 명의 동급생들이 있긴 했지만, 그들은 얌전한 애들 편에 속해 있었습니다.

그러나 품행 나쁜 내 행동은 오래 전부터 파다하게 소문이 나서 누구나 알고 있었으므로, 그들마저도 나를 피하게 되었습니다.

선생님은 나에 관하여 모든 것을 알고 계셨고, 나는 여러 번 엄한 벌을 받았습니다. 내가 결국은 퇴학당하고 말 거라고 모두들 생각하고 있었으며, 나 자신 역시 그 점을 알고 있었습니다.

나는 오래 전부터 선량한 학생은 아니었기 때문에, 더 이상 학교를 다니기 어렵다는 것을 느끼면서도 어물어물 위기를 모면해 나가고 있었습니다.

어느 날, 아버지가 사감 선생님의 경고 편지를 받고 처음으로 기숙사에 찾아오셨을 때, 나는 너무도 놀라 경련을 일으켰습니다. 그러나 아버지가 두 번째로 오셨을 때, 나는 될 대로 되라는 심정이었습니다.

"참으로 한심한 노릇이로구나. 제발 정신 좀 차려라! 너 때문에 잠도

제대로 자지 못하는 어머니를 한번 생각해 보려무나……."

아버지는 애원도 하고 나무라기도 하고, 어머니를 들먹여 나의 감정에 호소도 했으나, 나는 끄떡도 하지 않았습니다.

"네가 지금처럼 마음을 고쳐먹지 않는다면 퇴학을 자청할 수밖에 없다. 창피한 노릇이다만 너를 감화원에라도 집어넣을 테다!"

화가 난 아버지는 마침내 이렇게 으름장을 놓았습니다.

"마음대로 하세요!"

아버지가 떠나셨을 때, 나는 자포자기 상태였습니다. 아버지는 결국 아무것도 말하지 못했고, 나에게로 통하는 어떤 길도 발견하지 못했습니다.

나는 나 자신이 어떻게 되든 상관없었습니다. 나는 항상 누군가를 비꼬는 듯한 태도를 취했으며, 이상하고 아름답지 못한 방식으로 세상과 싸웠습니다.

이것이 내가 항의하는 형식이었습니다. 그렇게 해서 나 자신을 이겨나갔습니다. 때때로 다음과 같은 생각이 들었습니다.

'세상이 나 같은 사람을 쓸 줄 모르니까, 잘못되는 것은 당연해. 그래서 세상이 손해를 보더라도 그건 내 책임이 아니야.'

그 해, 크리스마스 방학은 아주 불쾌했습니다. 어머니는 나를 보시자 깜짝 놀라셨습니다. 나는 키는 훨씬 자랐으나, 야윈 얼굴은 잿빛이 되어 거칠어 보였습니다. 표정은 축 늘어진 듯했고, 눈언저리엔 부스럼이 나 있었습니다. 처음으로 쓰기 시작한 안경이며, 이제 막 자라기 시작한 코밑 수염이 어머니를 더욱 당황스럽게 만들었습니다. 누나들은 뒤에 서서 킥킥거리며 웃고 있었습니다.

모든 것이 불쾌했습니다. 아버지와 내가 서재에서 나눈 이야기도 불쾌하고 씁쓸했으며, 몇몇 친척들과의 인사도 불쾌했고, 무엇보다도 크리스마스 이브가 제일 불쾌했습니다.

크리스마스 이브야말로 우리 집에서는 가장 의미있는 날이었고, 축제와 사랑과 감사의 밤이었으며, 부모님과 나와의 연대를 새롭게 하는 밤이었던 것입니다.

그런데 이제 그 모든 것이 울적하고 당황스럽기만 했습니다.

늘 그래왔듯이 아버지는 '그들은 그 곳에서 양 떼를 지키고 있었노라' 하고 들판의 목동에 대한 복음서를 낭독하셨고, 누나들은 예전처럼 눈을 빛내면서 그들의 선물이 놓인 테이블 앞에 서 있었습니다.

그러나 아버지의 목소리는 기운이 없었으며, 얼굴은 늙고 초라해 보였습니다. 어머니는 슬픈 표정을 짓고 계셨습니다. 그것들이 내게는 한결같이 고통스럽고 거북했습니다.

선물도 축복도, 복음서와 불을 켜 놓은 크리스마스 트리도 그랬습니다.

케이크에서는 달콤한 냄새가 났고, 감미로운 추억이 나래를 펴고 있었습니다. 전나무는 향기를 풍기며, 지나간 일을 이야기해 주는 것 같았습니다. 나는 크리스마스 이브인 축제의 날이 어서 지나가기를 바랐습니다.

한겨울이 그렇게 지나갔습니다. 바로 얼마 전에 나는 직원회로부터 강력한 경고와 함께, 퇴학 처분이라는 위협까지 받게 되었습니다.

'이제 더 이상 오래 가지는 못하겠군. 될 대로 되라지.'

나는 그 때 데미안에게 유별나게 원망의 마음을 가지고 있었습니다.

나는 벌써 오랫동안 한 번도 그를 보지 못했습니다. 도시에서 학교를 다닐 때 그에게 두어 번 편지를 썼는데, 한 번도 답장을 받지 못했습니다.

그래서 나는 이번 방학 동안에도 그를 찾아가지 않았습니다.

이런 무질서한 생활 속에서 겨울이 가고 봄이 되었습니다. 알퐁스 벡을 만났던 그 공원의 가시나무에 싹이 돋기 시작하던 어느 날, 한 소녀가 내 앞에 나타났습니다.

그 때 나는 말할 수 없는 우울과 근심에 가득 차서 혼자 산책을 하고 있었습니다. 왜냐하면 건강도 아주 나빠졌을 뿐만 아니라, 돈에도 늘 쪼들리고 있었기 때문입니다.

친구들에게도 빚을 졌으며, 여러 가게에 담배나 뭐 그와 비슷한 물건에 대한 외상값까지 있었습니다. 그러면서도 나는 이런 눈앞에 닥친 어려움들을 하찮게 생각하고 있었습니다.

'어차피 머잖아 이 도시를 떠나게 될 텐데, 뭘. 강물에 뛰어들거나 감화원에 끌려가게 된다면, 이런 것들은 결코 문제가 아니지. 그런데도 아직까지 이런 아름답지 못한 일들로 고통을 받아야 한다니, 정말 한심한 일이군.'

그 날 산책길에서 만난 소녀는 첫눈에 내 마음을 끌었습니다.

그녀는 키가 크고 날씬했으며, 우아한 옷을 입은데다 영리한 얼굴을 하고 있었습니다. 그녀는 내 마음에 꼭 들었습니다.

내가 좋아하는 타입이었고, 내 상상력을 자극하는 데 손색이 없었습니다.

나보다 그리 나이가 많은 것 같지는 않았지만 매우 성숙하고 우아했으며, 윤곽이 잡힌 얼굴은 거의 완벽한 처녀의 모습 그 자체였습니다. 그러면서도 내가 좋아하는 오만한 소녀 티가 났습니다.

나는 그 때까지 내가 사랑했던 소녀에게 접근해서 성공한 적이 한 번도 없었는데, 이 소녀 역시 성공하지 못했습니다. 그렇지만 그녀의 인상은 지난 날의 그 어떤 소녀들보다 더욱 깊었습니다. 그리고 이 짝사랑이 내 생활에 끼친 영향력은 굉장했습니다.

나는 갑자기 내 앞에 나타난 하나의 고귀한 영상에 모든 존경을 다 바쳤습니다. 내 마음속의 욕망이나 충동도 이 존경과 숭배의 욕망보다 더 강하고 깊지는 않았습니다.

나는 그 여자에게 베아트리체라는 이름을 붙였습니다. 나는 단테를 읽지는 않았지만, 내가 소유하고 있는 어떤 영국의 그림을 통해 베아트리체를 알고 있었기 때문입니다.

그 그림에는 영국의 '라파엘 전파'의 화풍을 닮은 소녀의 모습이 그려져 있었습니다. 날씬하고 팔다리가 길고 허리가 가늘고 긴 머리와 이지적인 손과 표정을 지닌 모습이었습니다.

이 아름답고 나이 어린 소녀는 내가 좋아하는 모습을 지니고 있었고, 이지적이었으며 영적인 그 무엇을 가지고 있었으나, 그 초상화의 여인과 꼭 같지는 않았습니다.

나는 베아트리체와 단 한 번도 이야기를 나눈 적은 없었지만, 그 당시 그녀는 나에게 매우 깊은 영향을 끼치고 있었습니다.

나는 지금도 그 때를 떠올리면 다시 감동에 젖어듭니다.

나는 파괴된 삶의 한 귀퉁이에 다시 '밝은 세계'를 세우려고 노력했습니다. 나는 내게서 다시 어둠과 악을 좇아내고, 완전히 '밝은 세계' 속에 서고자 하는 갈망으로 하느님 앞에 무릎을 꿇었습니다.

이번에 세운 이 '밝은 세계'는 어느 정도는 나 자신의 의지로 된 것이었습니다. 데미안이 손을 잡아 준 것도, 어머니의 품으로 숨은 것도 아니었습니다.

거기에는 책임과 함께 자신의 감정을 조절할 수 있는 능력도 포함되어 있었습니다.

내가 언제나 고통을 느끼며 피해 달아나곤 했던 이성에 대한 욕망은 이제 그 성스러운 화염 속에서 기도로 승화되어야만 했습니다.

거기에는 음란한 환상이나 욕망도 존재해서는 안 되었습니다.

그러한 모든 것 대신에 나는 베아트리체의 모습만으로 제단을 꾸몄습니다. 그리고 그녀에 대한 내 정성을 '밝은 세계'에 제물로 바쳤습니다.

나의 목적은 쾌락이 아니라 순결이었으며, 행복이 아니라 맑은 영혼이었습니다.

베아트리체에 대한 나의 숭배는 내 생활을 완전히 바꾸어 버렸습니다. 어제만 해도 조숙한 냉소자였던 나는 이제 성자가 되려는 사원지기가 되었습니다.

나는 점점 술집과 밤거리의 방황을 멀리했습니다. 나는 다시 혼자 있게 되었고, 책을 읽고, 산책을 즐길 수 있게 되었습니다.

나는 나의 타락한 생활을 버렸을 뿐 아니라, 모든 것을 변화시키려고 노력했으며, 모든 것 속에 순결함과 고귀함을 갖추려고 노력했습니다. 먹고 마시고 이야기할 때나, 옷을 입을 때에도 그런 것을 생각했습니다.

나는 아침을 냉수마찰로 시작했습니다. 처음에는 억지로 하지 않으면 안 되었습니다. 나는 신중하고 점잖게 행동했으며, 몸을 꼿꼿이 세우고 위엄 있게 걸었습니다. 사람들은 나의 이런 모습이 매우 우스웠을 것입니다. 그러나 나의 내부는 하느님에 대한 봉사로 가득 차 있었습니다.

마음을 다잡는 방법의 하나로 나는 그림 그리기를 시작했습니다. 그리고 그것은 내게 아주 중요한 일이 되었습니다.

이 작업의 출발은 내가 갖고 있는 영국 사람이 그린 베아트리체의 그림이 나의 소녀와 충분히 닮지 않았다는 데에 있었습니다. 나는 나의 베아트리체를 그려 보고 싶었습니다.

나는 얼마 전부터 내 방을 가지고 있게 되었으므로 아무런 방해도 받지 않고 그림을 그릴 수 있었습니다. 새로운 기쁨과 희망을 가지고 나는 내 방안에 좋은 종이와 물감과 붓을 모아 놓고, 팔레트와 컵과 사기 접시와 연필을 챙겨 놓았습니다.

내가 산 작은 튜브에 들어 있는 템페라 물감은 무척 마음에 들었습니다. 그 중에는 타는 듯한 연두색도 있었는데 그것을 처음으로 작은 접시에 담았을 때, 나는 그런 색을 생전 처음 보는 듯한 느낌이었습니다.

나는 조심스럽게 시작했습니다. 얼굴을 그리려 하니 그 모습이 잘 떠오르지 않았습니다. 그래서 나는 다른 것부터 그리기 시작했습니다.

장식무늬 꽃, 작고 환상적인 풍경화, 예배당 옆에 서 있는 나무, 측백나무가 있는 로마의 다리 등을 그렸습니다. 때때로 나는 유희적인 작업에 도취되어, 물감 상자를 가진 어린애처럼 행복했습니다.

그리하여 나는 마침내 베아트리체를 그리기 시작했습니다. 몇 장은 완전히 실패했으며, 내버려졌습니다.

'아, 왜 그녀의 얼굴이 생각나지 않는 걸까?'

길에서 몇 번이나 보았던 그 소녀의 얼굴을 생각해 내려고 애쓰면 애쓸수록 점점 더 아무 생각이 나지 않는 것이었습니다.

'할 수 없지. 그녀의 모습이 떠오르지 않으니, 그냥 붓 가는 대로 한번 그려 보지 뭐.'

마침내 나는 포기하고, 이미 시작한 그림에서부터 그저 어떤 얼굴을 그리기 시작했습니다. 물감과 붓에서 저절로 생겨난 환상의 인도를 따라 그린 그 그림은, 공상만으로 그린 것이긴 했지만 그다지 불만은 없었습니다.

그러나 나는 계속 그려 나갔으며, 새 종이에는 보다 뚜렷하게 윤곽이 잡혀 갔습니다. 그리고 그 모습은 점점 더 그 소녀의 생김새에 가까워졌습니다.

나는 점점 몽상적인 붓놀림으로 선을 긋고, 평면을 채우는 일에 익숙

해졌습니다. 그것들은 어떤 모델도 없이 유희적인 작업을 통해 무의식의 세계에서 우러나왔습니다.

어느 날 나는 거의 무의식적으로 어떤 얼굴을 그렸는데, 그 얼굴은 전에 그린 것들보다 훨씬 강하게 호소하는 듯했습니다. 그것은 그 소녀의 얼굴이 아닌, 비현실적인 무엇이었습니다. 그것은 그 소녀의 얼굴이라기보다는 소년의 얼굴처럼 보였습니다.

머리카락은 나의 아름다운 소녀의 머리처럼 옅은 금발이 아니라 불그스름한 갈색이었습니다. 턱은 곧고 딱딱했으나, 입술은 붉게 타고 있었습니다.

전체적으로 그것은 약간 뻣뻣하고 가면 같았으나 강한 인상을 주었고, 신비한 생명력에 넘쳐 있었습니다.

완성된 그림 앞에 앉았을 때 나는 이상한 느낌을 받았습니다.

그것은 남자 같기도 하고 여자 같기도 했으며, 나이를 알 수 없는, 의지에 넘치면서도 몽상적인 모습이었습니다. 그러면서도 은밀하게 생기가 넘쳐나는 일종의 신의 모습, 또는 성스러운 가면같이 보였습니다.

그 얼굴은 나에게 무엇인가 말을 거는 것 같았고, 나에게 어떤 요구를 하는 듯했습니다. 그리고 그것은 누군가와도 닮았는데, 누군지는 확실치 않았습니다.

이 그림은 얼마 동안 모든 내 생각을 따라다녔고, 나와 생활을 함께했습니다.

나는 그것을 서랍 속에 감춰 두었습니다. 다른 사람의 눈에 띄어 웃음거리가 되고 싶지는 않았던 것입니다. 그러나 나는 방에 혼자 있을 때면 그 그림을 꺼내 놓고 이야기를 나누었습니다. 저녁때면 침대 위 벽에 핀으로 꽂아 놓고 잠들 때까지 바라보았으며, 아침에는 눈뜨자마자 그림을 쳐다보곤 했습니다.

그 때부터 나는 어렸을 때처럼 꿈을 많이 꾸기 시작했습니다. 한동안 나는 꿈을 꾸지 못했는데, 이제는 예전처럼 돌아간 것이었습니다.

내가 그린 그림은 꿈에 자주 나타났습니다. 그림은 살아서 내게 이야기를 했고, 나를 다정하게 대했습니다. 어떤 때는 보기 싫게 얼굴을 찡그리기도 했으며, 또 어떤 때는 한없이 아름답고 고귀해 보이기도 했습니다.

그러던 어느 날 아침, 그 그림을 본 나는 거기서 아주 특별한 느낌을 받았습니다.

그 그림은 나를 아주 잘 아는 듯한 얼굴로 바라보았고, 내 이름을 부르는 것같이 보였습니다. 그것은 마치 어머니 같았고, 아주 오래 전부터 나를 향해 서 있는 것처럼 보였습니다.

나는 가슴을 두근거리면서 그 그림을 보았습니다. 숱이 많은 갈색 머리, 반은 여성적인 입, 그리고 유난히 밝은 빛을 발하는 흰 이마를 바라보았습니다.

나는 침대에서 벌떡 일어나 크게 뜨고 있는 초록빛 눈 속을 들여다보았습니다.

오른쪽 눈이 왼쪽 눈보다 높은 곳에 있었습니다. 그렇게 보고 있자니, 갑자기 오른쪽 눈이 살짝, 그러나 뚜렷하게 꿈틀거리는 것이었습니다.

아주 순식간의 일이었지만, 이 움찔하는 모습을 보았을 때에, 나는 그 그림의 정체를 알아냈습니다.

'아니, 저 눈은? 그래, 데미안, 바로 그의 눈이야! 아, 이제야 깨닫다니……'

그것은 데미안의 얼굴이었습니다. 나중에 나는 내 기억 속에 있는 데미안의 얼굴과 비교해 보았습니다. 그것은 똑같지는 않았지만 비슷했습니다.

언젠가 어느 이른 여름밤, 태양이 붉게 창가로 비쳐 들어왔습니다. 그러자 방안은 어둑어둑해졌습니다. 그 때 나는 재빨리 그 그림을 창가에 놓아 두었습니다. 저녁 햇살이 그림에 엷게 스며드는 모양을 보고 싶었기 때문입니다.

얼굴은 윤곽을 잃고 흐려졌으나, 밝은 이마와 붉은 눈언저리, 강렬하게 붉은 입술은 그림의 바닥에서 사납게 불타올랐습니다. 나는 석양이 사라진 뒤에도 오래도록 그 그림과 마주 보고 있었습니다.

이제 그 그림은 베아트리체도, 데미안도 아니었습니다. 그것은 바로 나의 얼굴이었습니다.

그 그림은 나를 닮지 않았습니다. 또 그래서도 안 된다고 생각했습니다.

그럼에도 불구하고 그 그림은 나의 내면 그 자체였습니다. 그것은 나의 운명이었고, 나를 지켜 주는 수호신이었습니다.

내게 다시 친구가 생긴다면 이런 모습일 것입니다. 내게 애인이 생긴다면 이런 모습일 것입니다. 나의 삶도, 나의 죽음도 이런 모습일 것입니다.

이것은 내 운명의 음향이고 리듬이었습니다.

그 몇 주일 동안에 나는 내가 이제까지 읽었던 어떤 책들보다 강렬한 인상을 준 어떤 책을 읽기 시작했습니다. 그 후로도 그토록 감명 깊게 읽은 책이 없었습니다. 있었다고 한다면 아마 니체 정도였을 것입니다.

그것은 노발리스의 편지와 금언을 모아 놓은 책이었습니다. 나는 대부분 잘 이해하지 못했는데, 그의 말 중 한 구절이 생각났습니다.

'운명과 감정이란 하나의 개념을 나타내는 하나의 명칭이다.'

그 말을 나는 그제서야 이해할 수 있었습니다.

나는 그 말을 그림 아래에 적어 놓았습니다.

나의 베아트리체는 그 무렵에도 더러 마주치곤 했습니다. 이제는 조금도 동요를 느끼지 않았으나, 언제나 부드러운 일치감과 감정에 넘친 예감을 느꼈습니다.

'너는 나와 연결되어 있어. 네 자신이 아니라 너의 그림으로 말이지. 그러므로 너는 내 운명의 일부분이 된 거야.'

불현듯 나는 데미안을 만나고 싶었습니다. 나는 최근 몇 년 동안 그의 소식을 듣지 못했습니다.

사실은 방학 동안에 꼭 한 번 그를 만난 적이 있었는데, 나는 아직 그 이야기를 털어놓지 못하고 있었습니다. 그것은 나의 허영심과 부끄러움 때문이었습니다.

그 때, 나는 방학이 되어 고향집에서 지내고 있었습니다. 술집을 드나들며 아무렇게나 생활하던 때였는지라, 그 날도 나는 술에 취한 채 고향 거리를 쏘다니고 있었습니다.

단장을 휘둘러대며 거지들의 얼굴을 경멸스럽게 바라보고 있는데, 그 옛날 친구가 내게로 걸어오고 있었습니다.

그를 발견한 나는 몸이 오싹했습니다. 그와 동시에 클로머가 떠올랐습니다.

'데미안이 그 일을 잊고 있다면 좋겠는데…….'

그런 일로 그에게 도움을 받았던 일이 불쾌하게 생각되었던 것입니다.

물론 그것은 어리석은 어린애들의 사건에 불과했지만 그에게 은혜를 입은 것만은 분명한 사실이었습니다.

그는 내가 먼저 인사하기를 기다리는 것 같았습니다. 나는 짐짓 아무렇지도 않은 듯 손을 내밀었습니다. 그도 마주 손을 내밀었습니다. 옛날 그대로의 악수였습니다. 따뜻하고, 그러면서도 냉담하고 남자다운 악수였습니다.

그는 내 얼굴을 찬찬히 보며 말했습니다.

"많이 컸구나! 싱클레어."

그는 전과 다름없는 모습이었습니다. 여전히 어른 같기도 하고, 아이 같기도 한 얼굴을 하고 있었습니다.

우리는 나란히 걸었습니다. 산책을 하면서 이런저런 이야기를 했지만, 모두 시시한 이야기들뿐이었습니다. 둘 다 옛날 일에 대해서는 조금도 이야기하지 않았습니다.

나는 그에게 여러 번 편지를 썼으나 회답을 받지 못했던 일이 생각났습니다.

'아, 내가 편지를 보냈던 것도 잊어 주었으면……. 그 바보 같은 편지들!'

그는 그것에 관해서도 언급하지 않았습니다.

그 당시에는 아직 베아트리체도 그림도 없었고, 나는 황폐한 시내의 한복판에 있었습니다.

"오랜만에 만났는데, 술이나 한잔 할까?"

나는 그에게 술집에 가자고 권했고, 그는 같이 갔습니다. 나는 으스대듯이 자랑스럽게 술을 주문하고, 그의 잔에 건배하며, 굉장한 술꾼이라도 되는 듯이 단숨에 들이켰습니다.

"술집에 자주 다니는 모양이구나?"
라고 그는 물었습니다.

"그……럼!"

나는 느릿느릿하게 말했습니다.

"그렇지 않으면 뭐 할 일이 있어야지! 그래도 이것이 제일 재밌거든."

"그렇게 생각해? 그럴지도 모르지. 사실 멋지기도 해. 거기엔 도취와 쾌락이 있으니! 그런데 술집에 틀어박혀 있는 대부분의 인간들은 그런 멋을 잃어버린 것 같아. 술집이나 찾아다니는 사람이야말로 속물처럼 생각돼. 그래, 하룻밤 정도는 정말로 아름다운 도취와 비틀거림에 젖어 보는 것도 괜찮은 일일 거야. 그렇지만 이렇게 언제나 마시고 또 마시고 하는 것이 진실은 아니잖아? 매일 밤 단골 술집에 앉아 있는 파우스트를 상상할 수 있니?"

나는 술잔을 들어 쪽 들이켜고 나서 적개심에 찬 눈초리로 그를 바라보았습니다.

"있고말고. 누구나 다 파우스트는 아니니까."

라고 나는 짧게 말했습니다.

그는 좀 놀란 듯이 나를 바라보았고, 옛날과 같이 활기차고 우월감 넘치는 소리로 웃었습니다.

"그런 걸 가지고 다툴 필요는 없어. 어쩌면 나무랄 데 없는 시민의 생활보다는 방탕한 자들의 생활이 생기가 있는 법이니까. 또 예언자들은 흔히 이런 탕아의 생활을 거친다고들 하지. 예언자, 성 아우구스티누스도 전에는 향락자였고, 방탕한 자였거든."

나는 그에게 지배되고 싶지 않기도 했지만, 믿어지지 않기도 했으므로 차갑게 말했습니다.

"그래, 누구나 제멋에 겨워 사는 것이니까! 솔직히 말하면, 나는 예언자라든지 성자 따위가 될 생각은 조금도 없어. 추호도!"

데미안은 이미 알고 있다는 듯이 눈을 가늘게 뜨고 나를 쳐다보았습니다.

"이봐, 싱클레어!"

하고 그는 천천히 말했습니다.

"너를 불쾌하게 할 생각은 없어. 한데 말야……. 네가 무엇 때문에 이렇게 술을 마시는지 너나 나나 모르고 있어. 네 안의 그것만이 알고 있을 뿐이야. 모든 것을 알고 모든 것을 원하고, 모든 것을 우리 자신보다 잘해 나가려는 존재가 우리 안에 있다는 것을 깨닫는 것은 좋은 일이야. 난 이제 집에 가 봐야겠어. 이만……."

우리는 간단히 헤어졌습니다. 나는 매우 불쾌해져서 그대로 앉아 병에 남은 술을 마저 마셨습니다. 술집을 나오면서 나는 데미안이 술값을 이미 치른 것을 알았습니다. 그것이 나를 더 불쾌하게 만들었습니다.

지금 그 작은 사건을 떠올리자, 내 생각은 데미안으로 가득 차 버렸습니다. 그리고 그가 그 변두리 술집에서 나에게 한 말들이 이상하게도 기억 속에 선명히 떠올랐습니다.

"모든 것을 알고 모든 것을 원하고, 모든 것을 우리 자신보다 잘해 나가려는 존재가 우리 안에 있다는 것을 깨닫는 것은 좋은 일이다."

나는 데미안이 얼마나 그리웠는지 모릅니다. 하지만 그는 나의 손이 미치지 않는 곳에 있었습니다. 나는 다만 그가 어느 대학에서 공부할 것이라는 점과, 고등학교 졸업 후에 어머니와 함께 이 도시를 떠났다는 정도를 알고 있을 뿐이었습니다.

나는 데미안에 대한 모든 추억을 들추어 내기 위해 클로머와의 이야기까지 거슬러 올라갔습니다. 예전에 그가 해 주었던 모든 말들은 지금까지도 의미를 간직한 채 나의 삶에서 살아 움직이고 있습니다.

별로 유쾌하지 못했던 마지막 해후에서 들려주었던 탕아와 성자에 관한 이야기도 갑자기 내 영혼 앞에 밝게 떠올랐습니다.

'그건 바로 내 얘기가 아닌가? 새로운 삶에 대한 욕구와 순수한 것, 성스러운 것에 대한 바람이 나의 내면에서 자라날 때까지 나 또한 더러움 속에서 마비되어 방탕하게 살지 않았었나!'

그렇게 나는 추억을 더듬어 갔습니다. 벌써 밤이 되었고, 밖에는 비가 내리고 있었습니다.

그날 밤 나는 데미안과 문장에 관한 꿈을 꾸었습니다. 문장은 자꾸 변했습니다. 데미안은 그것을 두 손에 들고 있었는데, 잿빛의 이 작은 문장은 엄청나게 거대해지면서 화려한 색으로 변하는 것이었습니다.

그러나 데미안은 그것이 언제나 한 개이며, 똑같은 것이라고 설명했습니다. 더욱 이상한 것은 그가 나더러 그것을 먹으라고 강요하는 것이었습니다.

"먹어, 싱클레어. 어서 이것을 먹으란 말이야!"

그것을 삼켰을 때, 나는 끔찍스러운 놀라움을 느꼈습니다. 뱃속에 들어간 문장은 온몸을 마구 휘저으며 내 몸에 가득 들어찼습니다. 그러더니 그 새는 나를 마구 파먹기 시작했습니다.

"으악!"

나는 죽음과 공포에 질려 잠에서 깨어났습니다.

한밤중이었습니다. 방안으로 비가 들이치고 있었습니다. 창문을 닫기 위해서 일어섰을 때, 나는 방바닥에 놓여 있는 어떤 물체를 밟았습니다.

아침에 나는 그것이 나의 그림이란 것을 알았습니다. 그것은 축축하게 젖어서 불어 있었습니다. 나는 그것을 말리기 위해 흡인지 사이에 끼워서 두꺼운 책 속에 넣어 두었습니다.

다음 날 다시 그것을 보았을 때는 이미 말라 있었습니다. 그것은 변해 있었는데, 붉은 입술은 핏기를 잃었고, 좀 가늘어져 있었습니다. 이제는 완전히 데미안의 입이 되었습니다.

"꿈에서 봤던 그 문장을 그려 봐야지. 그런데……. 그게 어떤 모양이었더라?"

나는 다시 문장의 새를 그리려고 했습니다.

그런데 그 새가 어떻게 생겼는지 잘 생각이 나지 않았습니다. 그 중에 몇 가지는 오래된데다가 자주 덧칠해서, 당장 옆에 두고 보아도 잘 볼 수 없었을 것입니다.

새는 일어서 있거나, 꽃이나 광주리나 둥지나 나무 꼭대기 같은 것들 위에 앉아 있었던 것 같았습니다.

나는 내가 뚜렷이 상상할 수 있는 것만 가지고 시작했습니다. 나는 곧 강한 색채로 그리기 시작했습니다. 왜 그런 색을 택했는지는 나도 모르겠습니다. 내 종이 위에 그려진 새의 머리는 황금빛이었습니다.

나는 계속 기분 내키는 대로 그려 나갔고, 그것은 며칠 후에 완성되었습니다.

그리고 보니, 그것은 사나운 날짐승이 되어 있었습니다. 날카롭고 자유분방한 매의 머리를 가진 그 새는, 몸을 반쯤 내밀고 어두운 지구 속을 뚫고 있었습니다.

그것은 마치 거대한 알로부터 나오듯이 파란 하늘을 바탕으로 한 지구를 뚫고 나오고 있었습니다. 그 그림은 마치 언젠가 내가 꿈속에서 보았던 그 문장과도 같았습니다.

데미안에게 편지를 쓴다는 것은, 주소를 알고 있다 하더라도 나에겐 불가능한 일이었습니다. 그 당시 내가 모든 그림을 무의식에 맡겼던 것처럼, 이번에도 어떤 무의식과 같은 예감으로 그에게 매의 그림을 보내기로 했습니다.

그것이 그에게 전해지든 말든 그런 건 상관없었습니다.

나는 그 그림 위에 아무것도 쓰지 않았습니다. 내 이름조차도 안 썼습니다. 나는 그림의 가장자리를 조심스레 자르고, 큰 봉투를 사서 내 친구의 옛 주소를 그 위에 썼습니다.

그리고 그것을 보냈습니다.

시험 날이 다가왔습니다. 나는 전보다 훨씬 더 열심히 공부를 해야 했습니다. 나의 생활 태도가 변한 후로 선생님들은 내게 친절히 대해 주었고, 나의 퇴학 처분조차 잊어버렸습니다.

나는 아직도 모범생은 아니었지만, 어쨌든 내가 반 년 전처럼 거의 확정적으로 학교에서 퇴학당할 것이라고 생각하는 사람은 없었습니다.

아버지의 편지에서도 이제는 예전과 같은 비난이나 위협의 어조를 찾아볼 수 없었습니다. 그러나 나는 아버지, 혹은 그 누구에게도 나의 변화를 설명하고 싶은 생각이 없었습니다. 이 변화가 부모님이나 선생님들의 뜻에 일치된 것은 다만 우연에 불과했습니다.

이 변화가 나를 사람들과 어울리게 한다거나, 내게로 사람들이 모여들게 하지는 않았습니다. 오히려 나를 보다 더 고독하게 할 따름이었습니다.

그것은 어딘지 모를 곳에 있는 데미안과 함께 하는 운명으로 향하고 있었습니다. 나 자신도 그것을 알 수 없었습니다. 나는 그 한가운데에 있었으니까요.

이 모든 것은 베아트리체와 함께 시작되었습니다.

그러나 얼마 전부터 나는 내가 그린 그림이나 데미안과 같은 너무나 비현실적인 세계 속에 살았기 때문에, 그 여자를 완전히 잊어버리고 말았습니다.

설사 내가 원했을지라도, 나는 아무에게도 내 꿈과 기대와 변화에 관해서 한 마디도 말할 수가 없었습니다.

새는 알을 깨고 나온다

내가 그린 꿈의 새는 날아가서 내 친구를 찾아 냈습니다. 그리고 가장 신비스러운 방법으로 나에게 답장이 왔습니다.

나는 쉬는 시간에 책갈피에 쪽지가 끼여 있는 것을 발견했습니다. 그것은 수업 시간 도중에 반 친구들이 서로 몰래 편지를 전할 때 쓰는 방식으로 접혀 있었습니다.

'누가 그 쪽지를 보냈을까?'

나는 의아하게 생각했습니다. 왜냐하면 나는 급우 중 아무와도 그런 편지질을 하지 않았기 때문입니다.

'쳇, 누가 이렇게 유치한 장난을 하는 거야?'

나는 그런 장난에는 관심도 없었으므로, 아예 쪽지를 읽지도 않은 채 책갈피 속에 끼워 두었습니다.

우연히 수업 도중에 그 쪽지가 내 손에 쥐어졌습니다. 그 종이를 만지작거리다가 나는 아무 생각 없이 펴 보았습니다. 거기에는 몇 마디의 짧은 문장이 씌어 있었습니다.

무심코 그 종이에 시선을 던지는 순간, 나는 깜짝 놀라 소리를 지를 뻔했습니다. 내 가슴은 심한 냉기를 뒤집어쓴 것처럼 운명 앞에 쪼그라 들었습니다.

'새는 알을 깨고 나온다. 알은 세계다. 태어나려는 자는 한 세계를 파 괴해야만 한다. 새는 신에게로 날아간다. 그 신의 이름은 아프락사스 다.'

나는 몇 번이나 그 글을 읽고 또 읽었으며, 깊은 생각에 잠겼습니다. 의심할 여지가 없었습니다. 그것은 데미안의 답장이었습니다.

그와 나를 제외하고는 아무도 새에 관해 알고 있는 사람이 없었습니 다. 그는 내 그림을 받은 것입니다. 그는 나를 이해했고, 나로 하여금 해석하도록 도와준 것입니다.

'어떻게 이런 일이 가능한 걸까? 이 모든 일이 서로 어떻게 관련되어 있는 걸까? 그리고 아프락사스란 무엇을 의미하는 것일까?'

나는 그런 말을 들은 일도 없었고, 읽은 적도 없었습니다.

'신의 이름은 아프락사스다!'

이 알 수 없는 수수께끼에 얽매여 있는 사이에 수업은 끝이 나고, 다 음 수업이 시작되었습니다. 오전 중의 마지막 수업이었습니다.

얼마 전에 대학에서 온 조교가 그 시간을 맡았습니다. 그는 젊은데다 조금도 권위적이지 않았기 때문에 매우 인기가 있었습니다.

우리는 그 포렌 박사의 수업 중에 헤로도투스를 읽었습니다. 이 수업 은 내 마음에 드는 몇 개 안 되는 과목 중의 하나였습니다. 그러나 오늘 만은 딴생각에 빠져 있었습니다.

나는 기계적으로 책은 펼쳐 놓았으나, 계속 혼자만의 생각에 잠겨 있 었습니다.

나는 전에 데미안이 교리 문답 시간에 한 말이 얼마나 옳은 말이었는가를 여러 번 경험하고 있었습니다.

"아주 열렬히 원하는 것은 이루어진다."는 그의 말은 나의 시험을 통해 곧잘 성공하고 있었습니다. 내가 수업 도중에 어떤 생각에 몹시 골몰하고 있으면, 틀림없이 교사는 나를 가만히 놔두었습니다.

그러나 주의가 산만하거나 졸고 있으면, 여지없이 선생님은 옆에 와 있었습니다. 그러나 진지하게 어떤 문제에 몰두해 있는 경우, 나는 보호되었습니다.

나는 강한 시선에 관해서도 시험을 해 보았는데 정확히 들어맞았습니다. 이런 것들은 데미안이 있을 때는 전혀 먹히지 않던 것들이었습니다.

그러나 지금은 종종 사람이 시선과 집중력만으로도 얼마나 많은 일을 해낼 수 있는지를 알게 되었습니다.

그런 상태로 나의 몸은 지금 교실에 앉아 있었지만, 나의 머리는 헤로도투스며 학교와는 멀리 떨어진 곳에 있었습니다. 그 때 갑자기 내 의식 속에 선생님의 목소리가 벼락처럼 떨어졌습니다.

"…… 아프락사스……."

나는 이 '아프락사스'라는 단어에 깜짝 놀라 현실로 돌아왔습니다.

나는 그의 목소리를 들었습니다. 그는 바로 옆에 서 있었습니다. 나는 그가 내 이름을 부른 줄로 알았습니다. 그러나 그는 나를 보지 않았습니다. 나는 안도의 숨을 내쉬었습니다.

그 때 나는 그의 목소리를 들었고, 그 목소리는 다시 크게 '아프락사스'라는 단어를 반복했습니다.

듣지 못한 강의의 첫 부분에 이어 포렌 박사의 강의는 계속되었습니다.

"우리는, 고대의 종파나 신비주의적인 사고 방식을 지금의 합리적인 입장에서 가볍게 취급해서는 안 된다. 예컨대 앞서 예로 든 아프락사스의 가르침이 그렇다.

학자들은 이 이름을 그리스의 주문과 관련시켜서 제시하고 있고, 원시 종족들이 가지고 있는 이상한 마귀의 이름 정도로 생각하는 사람들이 많이 있지만, 아프락사스는 보다 깊은 뜻을 지니고 있는 것으로 해석된다.

우리는 이것을 신적인 것과 악마적인 것을 결합하는 상징적인 사명을 띤 신의 이름으로 해석해도 좋을 것이다."

박식하고 몸집이 작은 남자는 계속해서 세련된 말투로 이야기에 열중했으나, 아무도 그다지 주의 깊게 듣고 있지 않았습니다.

나도 그 이름이 더 이상 등장하지 않자, 다시 주의를 나 자신 속으로 집중시켰습니다.

'신적인 것과 악마적인 것을 결합시킨 것'이라는 말이 내 안에서 메아리쳤습니다. 바로 그것은 데미안이 언젠가 나와 토론하면서 설명해 주던 내용이었습니다.

"우리는 하나의 신을 가지고 있고, 그것을 섬기고 있지. 하지만 그 신은 전체 중에서 신이 인정하는 세계인 '밝은 세계'라는 반 조각밖에는 나타내지 못하고 있어. 인간에게 주어진 세계는 결코 반쪽이 아니야. 그렇다면 우리는 밝은 세계에 대한 경배와 함께 어두운 세계에 대하여도 경배할 수 있어야 해. 악마이기도 한 신을 섬길 수도 있겠지."

바로 이 아프락사스가 신이기도 하고 악마이기도 한 신이었던 것입니다.

얼마 동안 나는 아주 열심히 그 흔적을 더듬어 갔으나, 조금도 진도

가 나가지 않았습니다. 도서관을 모조리 뒤지면서 아프락사스를 찾았으나 헛수고였습니다.

그처럼 열성적으로 숭배하던 베아트리체의 모습은 이제 나에게서 멀어져 점차 지평선 너머로 사라져 갔습니다. 베아트리체는 더 이상 나의 마음을 만족시켜 주지 못했습니다.

언제나 내 안에 틀어박혀서 마치 몽유병자처럼 살아오던 내 생활에도 새로운 변화가 생겨나기 시작했습니다. 삶에 대한 동경이 내 속에 피어났습니다.

아니, 그보다는 사람에 대한 그리움과, 한동안 베아트리체에 몰두함으로써 풀어 버릴 수 있었던 성적 충동이 새로운 형상들과 목적을 원하고 있었습니다.

그것은 사랑에의 동경이라고도 할 수 있는, 이성에의 관심과 갈망이었습니다. 그것은 여전히 충족되지 않았지만, 많은 친구들이 행복을 얻고 있는 그런 소녀들에게서 나는 그 어떤 것도 기대할 수 없었습니다.

나는 다시 많은 꿈을 꾸기 시작했습니다. 그리고 꿈속에서의 영상들과 이미지들은 오히려 밤보다 낮에 더 내 마음속에 솟아올라, 현실의 세계에서 나를 끌고 가 버렸습니다.

때문에 나는 현실에서 일어나는 일들보다, 이러한 내 마음속의 꿈이나 환영들과 더 가깝게 지내고 있었습니다.

어떤 특이하고도 환상적인 꿈이 자꾸 반복되며 나를 찾아왔고, 그것은 나에게 깊은 인상을 남겼습니다. 그 꿈은 내 삶에서 중요한 의미를 지니고 있었으며, 많은 영향을 끼쳤습니다. 그 꿈은 나의 고향집에서 비롯됩니다.

집에 이르러 보니, 대문 꼭대기에 붙어 있는 문장 속의 새가 푸른 바탕 위에서 황금색으로 반짝이고 있었습니다. 집 안에서 어머니가 나를 맞으러 나오셨고, 나는 어머니를 안으려고 다가갔습니다.

그런데 그녀는 어머니가 아니었습니다. 그 때까지 한 번도 보지 못한 모습이었습니다.

그 모습은 키가 크고 힘있게 생겼으며, 데미안과도 비슷했습니다. 또 내가 그린 그림과 비슷하면서도 아주 달랐고, 힘있게 생겼으면서 매우 여성적인 모습이었습니다.

그 모습은 나를 끌어당겨 소름이 끼칠 정도로 깊게 안아 주었습니다. 환희가 몰려드는가 하면, 어떤 두려움도 느껴졌습니다. 그 포옹은 경건한 예배이면서, 동시에 범죄이기도 했습니다.

나를 껴안은 그 모습 속에는 어머니에 대한 추억과, 내 친구 데미안에 대한 추억이 너무 많이 떠돌고 있었습니다.

종종 나는 이 꿈에서 깊은 행복감을 안고 깨어났으며, 때로는 끔찍한 죄를 저지른 것 같은 양심의 가책과 죽음의 공포를 느껴야 했습니다.

나는 어떤 것을 예감하는 이러한 꿈속에서 무의식적으로 그 어떤 암시를 받고 있었으며, 나의 신 아프락사스에게 다가가고 있음을 느끼게 되었습니다.

거기에는 기쁨과 슬픔이 있었고, 남성과 여성이 공존하고 있었으며, 가장 신선한 것과 가장 추악한 것이 한데 얽혀 있었습니다.

'그래, 이것이 바로 아프락사스의 진정한 모습, 내 사랑의 진정한 모습일 거야.'

사랑이란 내가 처음으로 두려워하며 느꼈던 그런 동물적인 어두운 충동은 아니었습니다. 그렇다고 하여 내가 베아트리체에게 바쳤던 경건한 정신적 숭배도 아니었습니다.

사랑은 그 양쪽을 다 포함하는 것이었습니다. 그러면서도 동시에 그것을 뛰어넘는 그 무엇이었습니다.

사랑은 천사의 모습이면서 악마였고, 여자와 남자를 한 몸 속에 가지고 있었으며, 인간이면서 짐승이었고, 최선이면서 또한 최악이었습니다.

나는 이런 삶을 살도록 정해져 있으며, 이것을 맛보는 것이 내 운명이라고 생각되었습니다. 나는 이 운명을 동경하면서도 공포를 느꼈습니다. 그리고 그것은 내가 어떻게 할 수 없는 저 높은 곳에 있었습니다.

내년 봄에 고등학교를 졸업하면 대학에 갈 예정이었으나, 나는 아직도 어느 대학에서 무엇을 공부할지 정하지 못했습니다. 이제 나는 거뭇거뭇 수염이 나고, 키도 훌쩍 컸습니다.

나는 성숙한 어른이 되었지만, 아직 어린아이처럼 아무 목표도 목적도 없었습니다.

확실한 것이 있다면, 그것은 내 마음속에서 속삭이는 목소리와 그 꿈의 모습이었습니다. 나는 맹목적으로 그것을 따라야 한다는 의무감을 느꼈습니다.

그러나 그렇게 하는 것이 나에게는 어려웠으며, 나는 매일 그것을 거부하며 반항했습니다.

'아, 내가 미쳐 버린 것은 아닐까? 왜 난 다른 사람들과 이렇게 다르게 생겨 먹은 것일까?'

그러나 나는 약간만 부지런하면, 다른 학생들이 하는 모든 걸 할 수 있었습니다. 플라톤도 읽을 수 있었고, 삼각함수를 풀 수도 있었으며, 화학적 분석도 충분히 할 수가 있었습니다.

다만 한 가지 할 수 없는 것이 있다면, 다른 학생들처럼 내부에 숨겨져 있는 목표를 끄집어내어 어떤 구체적인 모양으로 그려 낼 수 없다는 것입니다.

다른 학생들은 교수나 판사, 의사, 또는 예술가 등 자신이 되고자 하는 일을 구체적으로 정해 두고 있었습니다.

그리고, 그렇게 되려면 어디에서 어떻게 공부해야 하는지, 시간은 얼마나 필요한지, 또 되고 난 후에 얻을 수 있는 이익까지도 상세히 알고 있었습니다. 그런데 나는 알 수가 없었습니다.

'언젠가는 나도 그런 것들을 알게 될 날이 오겠지. 하지만 그런 것들을 어떻게 해서 알 수 있단 말인가?

어쩌면 몇 년 동안 노력하고 또 노력해도 아무것도 되지 못하고, 아무 목적에도 도달하지 못할지도 몰라. 아니면 이미 어떤 목표에 도달했는지도 모르지. 그렇지만 그것은 추악하고 위험하며 아무런 이득도 없는 일이 아닌가?

아, 진정 나의 내면에서 샘솟는 그런 삶을 살고 싶은 것뿐인데, 왜 이다지도 힘이 드는지!'

때때로 나는 꿈속에서의 강렬한 사랑의 모습을 여러 번 그려 보려고 했습니다.

그러나 한 번도 성공하지 못했습니다. 만약 성공했다면 나는 그 그림을 데미안에게 보냈을 것입니다. 그러나 나는 그가 어디에 있는지 알지 못했습니다.

다만, 그와 내가 연결되어 있다는 사실만을 알고 있을 따름이었습니다.

'언제 다시 그를 볼 수 있을까?'

베아트리체를 숭배하던 시절 가지게 되었던 마음의 고요함이 사라진 지 이미 오래였습니다. 그 당시 나는 어떤 목표에 이르러 평화를 찾은 듯이 생각했습니다.

그러나 나는 언제나 그랬습니다. 어떤 대상이 나에게 정다운 것이 되고, 어떤 꿈이 나에게 쾌감을 주자마자, 그것은 벌써 시들고 눈먼 것이 되고 마는 것이었습니다.

나는 이따금 완전히 야성적이 되어 채울 수 없는 갈망과 긴장된 기대의 불길 속에서 살고 있었습니다.

때때로 나는 꿈속에서 지나치도록 분명하게 그녀의 모습을 보았습니다. 나는 그 모습과 이야기하고, 그것을 저주했습니다. 나는 그 모습을 어머니라 부르고 그 앞에 무릎을 꿇고 울었습니다.

나는 그것을 애인이라고도 불렀으며, 모든 욕망을 충족시켜 주는 그녀의 성숙한 입맞춤을 느꼈습니다. 나는 그것을 악마, 매춘부, 흡혈귀, 또는 살인자라고 불렀습니다.

그것은 나를 가장 섬세한 사랑의 손길로 유혹하는가 하면, 황폐하고 파렴치한 행위로 유혹하기도 했습니다. 그에게는 지나치게 좋은 것도, 고귀한 것도 없었으며, 또한 유별나게 나쁘고 저속한 것도 없었습니다.

그 해 겨울, 나는 설명하기 어려운 마음의 폭풍우 속에서 살았습니다.

이미 고독에는 익숙해 있었으므로, 그것은 그리 괴로운 일이 아니었습니다.

나는 데미안과 내 그림 속의 새와 같이 살고 있었으며, 내 운명이며 연인인 저 꿈속의 거칠고 큰 여인과 함께 살고 있었습니다. 그것들 속에 사는 것만으로도 충분했습니다.

왜냐하면, 그 모든 것은 위대함과 넓음을 향하고 있었으며, 모든 것이 아프락사스를 가리키고 있었기 때문입니다.

겉으로 보여지는 나는 조금도 흐트러짐이 없었습니다. 나는 인간에 대해서는 아무 두려움도 느끼지 않았습니다.

그런 나의 모습에 동급생 몇몇은 은연중에 존경심을 나타냈는데, 그것은 나로 하여금 미소를 자아내게 했습니다.

내가 원하기만 하면 나는 그들을 꿰뚫어 볼 수 있었고, 그들을 놀라게 할 수 있었습니다. 그러나 나는 그러고 싶지 않았습니다.

나는 언제나 나에 대한 생각에 잠겨 있었고, 언제나 나의 내면을 들여다보고 있었습니다.

그러다가 나는 세상으로부터 무언가를 얻고, 나 역시 무언가를 세상에 주면서, 세상과 관계를 맺고, 세상과 싸우면서 살아가고 싶은 갈망을 느꼈습니다.

저녁 거리를 돌아다녀도 마음이 가라앉지 않을 때면, 나는 혼자 사랑할 여인을 그리며 이렇게 중얼거렸습니다.

'이번엔 틀림없이 그녀를 만날 거야. 지금 바로 이 모퉁이만 돌면, 나의 여인을 만날 수 있어. 그녀는 저 창가에서 달콤한 목소리로 나를 불러 줄 거야.'

때때로 나는 이 모든 일이 참을 수 없이 고통스럽게 느껴졌고, 자살이라도 하고 싶은 충동에 시달렸습니다.

그 무렵, 나는 예기치 않게 하나의 피난처를 찾을 수 있었습니다.

그 곳은 정말 '우연히' 내 앞에 나타났습니다. 그러나 '우연'이라는 것은 세상에 없는 법입니다.

만일 어떤 사람이 무엇을 절실히 필요로 하는데, 그 필요했던 무엇을 발견했다면, 그것은 우연히 이루어진 것이 아니라 그 자신의 욕구와 필연성이 우연이라는 형태로 찾아온 것입니다.

나는 시내를 거닐다가 변두리의 한 작은 교회에서 흘러나오는 파이프 오르간 소리를 들은 적이 있습니다. 그러나 걸음을 멈추게 할 정도로 마음을 끄는 소리는 아니었습니다.

그런데 언젠가 또 그 앞을 지날 때, 파이프 오르간 소리가 들려왔습니다. 바흐의 곡이었습니다. 교회 문 쪽으로 다가갔으나, 문은 닫혀 있었습니다.

마침 그 골목에는 거의 사람이 없었으므로, 나는 교회 옆 건물의 돌 위에 앉아서 외투 깃을 세우고 바흐의 음악에 귀를 기울이고 있었습니다.

크지는 않았지만 좋은 파이프 오르간 소리였는데, 그 연주법이 색달랐습니다.

그 소리는 특이했고, 마치 기도처럼 울렸는데, 연주자의 의지가 담긴 뭔가 완강한 느낌을 주었습니다.

'저 연주자는 이 음악 속에 숨겨진 보물을 알고 있어. 저 사람은 그 보물을 얻기 위해, 마치 투쟁하듯이 건반을 두드리며 애쓰고 있군……'

나는 기교적인 의미로서의 음악은 잘 모르지만, 이러한 영혼의 표현은 어려서부터 본능적으로 이해하고 있었습니다.

연주자는 바흐의 음악에 이어 현대 음악을 연주하기 시작했습니다.

주위는 완전히 어두워졌으며, 희미한 불빛만이 교회의 창문에서 새어 나오고 있었습니다.

나는 순간 오르간 연주자에 대해 궁금증이 일었습니다. 나는 음악이 끝날 때까지 기다렸고, 오르간 연주자가 나오는 것이 보일 때까지 왔다 갔다 거닐었습니다.

얼마 지나지 않아 교회의 문이 열리면서 한 사나이가 나왔습니다.

그는 젊어 보였으나, 나보다는 나이가 많은 것 같았습니다. 키가 작고 다부진 체격의 그 남자는 불쾌한 듯 빠르고 힘찬 걸음으로 사라져 갔습니다.

그 날 이후 나는 가끔씩 저녁 무렵이면 교회 앞에 앉아 있거나, 근처를 거닐었습니다.

하루는 교회 문이 열려 있는 것을 보고 나는 안으로 들어가 보았습니다. 희미한 가스등 밑에서 오르간 연주자가 연주를 하고 있었습니다.

나는 반 시간 가량 추위에 떨면서도 행복한 마음으로 오르간 연주를 듣고 있었습니다.

그가 연주하는 모든 것은 신앙심에 넘쳤고 헌신적이었으며 경건했습니다.

그 음악들은 하나같이 연주자의 마음을 표현하고 있었습니다. 어떤 절대자를 향한 동경심, 어떤 세계 속에 깊이 빠져 있으면서도, 그 세계로부터 있는 힘을 다해 벗어나고자 하는 마음, 자신의 어두운 영혼에 몰두하는 듯한 태도 같은 것이 느껴졌습니다.

나는 그 연주자에 대해 강한 호기심이 일었습니다.

어느 날, 나는 교회에서 나오는 파이프 오르간 연주자의 뒤를 몰래 따라갔습니다.

그는 시내 변두리에 있는 작은 술집으로 들어갔고, 나도 뒤따라 들어갔습니다. 나는 거기에서 처음으로 그를 똑똑히 보았습니다.

그는 모자도 벗지 않은 채, 포도주 한 잔을 앞에 놓고 앉아 있었습니다.

그의 얼굴은 내가 예상했던 대로 추하고 야성적이며, 탐구적이었습니다. 그는 고집쟁이같이 완고하고 의지가 굳어 보였으나, 주변 사정에는 어두운 어린아이 같은 천진함도 엿보였습니다.

특히 내 마음에 든 것은 오만과 적의에 넘친 그의 암갈색 눈이었습니다.

나는 말없이 그와 마주 앉았습니다. 술집 안에는 우리 둘 외에 아무도 없었습니다.

그는 나를 쫓으려는 듯이 눈을 흘겼으나, 나도 지지 않고 그의 눈을 마주 바라보았습니다. 마침내 그가 불쾌하다는 듯이 중얼거렸습니다.

"나한테 뭐 볼일이라도 있소?"

"당신한테 무슨 용건이 있는 건 아닙니다."

약간 간격을 둔 뒤, 나는 말했습니다.

"그렇지만 저는 벌써 많은 것을 당신으로부터 얻었습니다."

그는 이마를 찌푸렸습니다.

"이런, 당신은 음악 애호가시군요? 하지만 음악에 열광하는 것은 구역질나는 일이오."

나는 조금도 놀라지 않았습니다.

"당신이 연주하는 것을 자주 들었습니다. 저 건너편에 있는 교회에서 말입니다."

그의 완고한 표정이 약간 누그러졌습니다.

"당신을 귀찮게 할 생각은 없습니다. 저는 당신한테서 무엇을 찾을지도 모른다고, 특별한 무엇을 발견할지도 모른다고 생각했습니다. 그것이 무엇인지는 잘 모르겠습니다. 뭐, 제 말을 귀담아 들을 필요는 없습니다. 그냥 교회에서 당신 연주를 들으면 되니까요."

"나는 언제나 교회 문을 잠가 두는데."

"얼마 전에는 그것을 잊으셨더군요. 그래서 안에 들어가 앉아서 들을 수 있었지요. 다른 때에는 밖에 서서 듣거나, 돌 위에 앉아서 들었습니다."

"그랬군. 다음부턴 안으로 들어오시오. 그 편이 덜 추울 테니까. 문을 두드려요. 하지만 세게 두드려야 할 거요. 그러나 연주 중에는 안 되오. 연주가 끝난 다음에. 자, 그럼 이제는 말해 보시오. 무슨 말을 하려고 했죠? 당신은 고교생이거나 대학생 같은데……. 아니면 음악가요?"

"아닙니다. 그냥 음악 듣기를 좋아합니다. 특히 당신이 연주하시는 것 같은, 아무 제한을 받지 않는 그런 음악을 좋아합니다. 천국과 지옥을 넘나들며 영혼을 쥐어짜는 듯한 그런 음악 말입니다."

"흐음……."

이제 연주자는 나의 이야기를 진지하게 듣기 시작했습니다.

"전 음악을 무척 좋아합니다. 그것은 아마도 음악이 별로 도덕적이지 않기 때문인 것 같습니다. 다른 것들은 모두 도덕적입니다. 그런데 저는 그렇지 않은 것을 찾고 있습니다. 도덕적인 것에선 언제나 괴로움만 받아 왔으니까요."

"음……. 계속 얘기해 봐요."

연주자는 점점 내 이야기에 빨려 들어가고 있었습니다.

"잘 설명할 수는 없습니다만, 저는 그 동안 도덕을 강요하는 것들에 대해 진절머리가 났습니다. 모두 위선적인 선만을 강요하지요. 혹시 들어 본 적이 있으십니까? 선이면서 동시에 악이기도 한 신에 대해서 말입니다. 저도 다른 사람한테 들은 거라 자세히는 모릅니다만, 그런 신이 존재한다고 합니다."

연주자는 모자를 약간 뒤로 젖히고, 넓은 이마 위의 검은 머리카락을 쓸어올렸습니다.

그리고 잠시 뚫어져라 날 쳐다보더니, 낮고 긴장된 목소리로 물었습니다.

"당신이 말하는 그 신에 대해 얼마나 알고 있소?"

"사실, 그 신에 관해서는 거의 아무것도 모릅니다. 제가 알고 있는 것은, 그 신의 이름이 '아프락사스' 라는 것뿐입니다."

그는 누가 엿듣기라도 하는 듯이 미심쩍게 주위를 둘러보았습니다. 그리고 내 곁으로 바싹 다가앉더니 속삭이듯 말했습니다.

"그럴 줄 알았소. 당신, 누구요?"

"전 김나지움의 학생입니다."

"어디서 아프락사스에 관해 알았소?"

"우연히 알게 되었습니다."

그가 갑자기 주먹으로 테이블을 '탕' 쳤고, 그의 술잔에서 술이 넘쳐 흘렀습니다.

"우연이라고! 이런, 엉터리 같으니라고! 이봐, 젊은 친구, '아프락사스'란 그렇게 우연히 알게 되는 것이 아니오. 그 점은 당신도 잘 알 거요. 그 신에 관해선 내가 말해 주지. 내가 좀더 잘 알고 있을 테니까."

그는 입을 다물고 의자를 뒤로 밀었습니다. 내가 기대에 넘친 얼굴로 바라보자, 그는 얼굴을 찡그렸습니다.

"지금은 아니오. 다음에 얘기해 주지. 자, 이거나 좀 드시오!"

그는 입고 있는 외투 호주머니 속에서 몇 개의 군밤을 꺼내어 나에게 주었습니다.

나는 아무 말 없이 그것을 받아서 입에 넣었습니다. 기분이 썩 좋았고, 만족스러웠습니다.

"그런데 그 말을 도대체 어디서 들었소? 아프락사스 말이오."

그는 잠시 후에 속삭였습니다.

나는 주저하지 않고 솔직히 털어놓았습니다.

"저는 그 당시 무척 고독했고, 어찌할 바를 모르고 방황하고 있었습니다."

나는 이야기를 시작했습니다.

"그 때, 저는 어떤 친구가 생각났습니다. 그는 아주 많은 걸 알고 있고, 또 해결책까지도 가지고 있었습니다. 저는 그림을 그렸습니다. 새였어요, 지구로부터 날아오르는. 나는 그것을 그 친구에게 보냈습니다. 그리고 얼마 후, 그 그림을 보낸 사실조차 까맣게 잊고 있었을 때 한 장의 종이가 제 손에 들어왔습니다."

"뭐라고, 뭐라고 씌어 있었소?"

"그 위에는 '새는 알을 깨고 나온다. 알은 세계다. 태어나려는 자는 한 세계를 파괴해야만 한다. 새는 신에게로 날아간다. 그 신의 이름은 아프락사스다.' 라고 씌어 있었습니다."

그는 더 이상 아무 말도 하지 않았습니다. 나는 그가 준 군밤의 껍질을 벗겼고, 우리는 그것을 안주 삼아 술을 마셨습니다.

"한 잔 더 하겠소?"

그가 물었습니다.

"아닙니다. 전 그만하겠습니다. 술을 별로 좋아하지 않아서요."

그는 약간 실망한 듯이 웃었습니다.

"좋을 대로 하시오. 난 여기 좀더 있다 갈 테니 먼저 가 보시오."

그 후 언젠가 우리는 함께 걷고 있었습니다.

그 날도 나는 그의 오르간 연주를 들었고, 그길로 그와 함께 거리로 나온 것이었습니다.

그는 별로 말이 없었고, 나를 자기 집으로 데리고 갔습니다. 지저분한 골목길에 있는 그 커다란 집은 음침한 인상을 풍겼습니다.

그의 방은 꽤 넓었으나 어둡고 잘 정돈되어 있지 않았습니다.

그가 음악가임을 알려 주는 피아노 한 대와, 이 방 주인의 학자다운 면모를 보여 주는 커다란 책장과 책상만이 덩그렇게 놓여 있었습니다.

"책이 참 많군요!"

나는 감탄하여 말했습니다.

"그 중의 일부는 내 아버지의 장서지요. 이 집은 아버지의 집이오. 난 부모님과 함께 살고 있소. 하지만 나는 부모님께 당신을 소개할 수 없소. 내 손님이라면 이 집안에서 그다지 환영을 받지 못하니까."

나는 약간 의아한 표정으로 그를 쳐다보았습니다.

"나는 그들에게 있어 타락한 자식이오. 알겠소? 내 아버지는 아주 훌륭한 사람이오. 이 도시의 유명한 목사이며 설교자이시지. 나는 그 분의 장래가 유망한 아들이었소. 하지만 나는 탈선했고, 정신도 약간 이상해졌소.

나는 신학도였는데, 국가시험 직전에 신학 대학을 그만두었다오. 사실 개인적으로 보자면, 난 아직도 그 분야를 전문으로 하고 있지. 사람들이 매번 어떤 신을 생각해 내는지는 흥미롭고도 중요한 주제요."

나는 공감한다는 뜻으로 고개를 끄덕여 보였습니다.

"그건 그렇고, 나는 지금 음악가요. 그리고 아마 작은 교회의 오르간 연주를 맡게 될 거요. 그렇게 되면 나는 결국 교회로 돌아오는 것이 되지 않겠소?"

나는 책표지들을 훑어보았습니다. 작은 전기 스탠드의 희미한 불빛 아래 보이는 것은 라틴 어, 그리스 어, 헤브라이 어 등으로 된 책제목이었습니다.

내가 책들을 둘러보고 있는 사이, 그는 어둠 속에서 벽 쪽의 방바닥에 누워 무언가를 하고 있었습니다.

"이리 와 보시오, 젊은 친구!"

그는 잠시 후에 나를 불렀습니다.

"사색을 좀 합시다. 입을 다물고 엎드려 생각을 해 봅시다!"

그는 성냥을 그어 그의 앞에 놓인 벽난로 속의 종이와 장작에 불을 지폈습니다. 불길이 일어나자, 그는 불길을 돋우어 일으키더니 아주 조심스럽게 장작을 집어넣었습니다.

나는 그의 곁에 가서 빛바랜 양탄자 위에 엎드렸습니다.

그는 불을 응시했습니다. 나는 불에 이끌렸습니다.

우리는 말없이, 한 시간쯤 엎드려 타오르는 장작불을 보고 있었습니다.

불길은 탁탁 소리를 내며 타오르고, 가라앉고, 구부러지고, 펄럭거리고, 꿈틀거리고 하다가 마침내는 조용하게 바닥으로 스러졌습니다. 우리는 그 과정을 빠짐없이 바라보고 있었습니다.

"불의 예배가 모든 종교 의식 중에서 가장 어리석은 것이라는 말은 맞지 않아."

그는 나직이 혼자서 중얼거렸습니다.

그 후 우리 두 사람 모두 단 한 마디의 말도 하지 않았습니다. 나는 똑바로 불을 응시했고, 몽상과 정적 속에서 재 속의 형상을 보고 있었습니다.

"앗!"

순간, 나는 흠칫했습니다. 그가 송진 한 조각을 불씨가 남아 있는 잿더미에 던져 넣자, 가느다랗고 작은 불길이 순식간에 솟아올랐던 것입니다.

나는 그 불길 속에서 노란 독수리의 머리를 가진 새를 보았습니다.

사그라져 가는 벽난로의 불길 속에서 문자와 형상들이 나타나고, 온갖 얼굴, 동물, 식물, 곤충, 뱀 등에 대한 추억이 되살아났습니다.

그는 턱을 괴고 황홀한 표정으로 잿더미를 응시하고 있었습니다.

"전, 이만 가 봐야겠습니다."

하고 나는 낮은 목소리로 말했습니다.

"그럼, 조심해서 잘 가시오."

그는 일어서지 않았습니다.

등잔불이 꺼졌으므로, 나는 간신히 어두운 방과 복도와 층계를 더듬어 가며 도깨비 굴 같은 집을 나와야만 했습니다.

길로 나오자 나는 걸음을 멈추고 낡은 집을 올려다보았습니다. 어떤 유리창에도 불빛이 보이지 않았습니다. 다만 놋쇠로 만들어진 작은 문패만이 가스등 빛을 받아 반짝이고 있었습니다.

그 위에는 '주임 목사 피스토리우스'라고 씌어 있었습니다.

집에 돌아와 작은 방에 혼자 있게 되었을 때 비로소 나는 '아프락사스'에 관해서도, 또 다른 무엇에 관해서도 그로부터 듣지 못했다는 사실이 생각났습니다.

우리는 서로 열 마디도 주고받지 않았으나, 나는 그 방문이 매우 만족스러웠습니다.

게다가 다음에 만날 때는, 그가 옛 오르간 음악의 걸작품인 북스테후데의 〈파사칼리아〉를 연주해 주기로 약속했던 것입니다.

오르간 연주자 피스토리우스는 나도 모르게 나의 첫 번째 수업을 해 준 셈이었습니다.

나에게 방바닥에 엎드려 벽난로의 불길을 보게 하는 것으로 말입니다.

불길을 보는 것은 나에게 훌륭한 효과를 나타냈습니다.

그것은 항상 내가 마음속에 안고 있으면서도 한 번도 똑똑히 본 일이 없는 나의 내면의 욕구를 강렬하게 확인시켜 주었던 것입니다. 그리하여 정체를 알 수 없었던 것에 대하여 조금씩이나마 이해할 수 있게 되었던 것입니다.

어릴 때부터 나는 언제나 자연의 특이한 모습을 보기를 좋아했었습니다. 그것은 관찰이라기보다는 자연이 가진 매력과 까다롭고 깊은 의미를 가진 언어에 몰두하는 것이었습니다.

"음……. 줄기처럼 툭 불거져 나온 나무뿌리, 기묘한 바윗덩어리에 생기는 여러 무늬, 물 위에 떠다니는 기름의 일렁이는 모양, 금이 간 유리의 일그러짐……. 야, 이거 정말 재미있는데?"

이와 같은 모든 것이 나에게 크나큰 매력을 주었습니다. 무엇보다도 물, 불, 연기, 구름, 먼지 등과 함께 눈을 감았을 때 나타나는 형형색색의 빛깔과 어지럽게 돌아가는 수많은 반점들이 정말 좋았습니다.

피스토리우스를 방문한 후 나는 실로 오랜만에 그런 것들을 떠올릴 수 있었습니다.

그리고 왠지는 모르겠지만, 나는 전보다 훨씬 강해진 느낌이 들었습니다.

나는 일종의 기쁨과 기분 좋은 느낌을 갖게 되었는데, 그것은 아마도 불을 한참 바라보면서 얻은 것 같았습니다. 이상하게도 불을 바라보고 있으면 마음이 편안하고 풍족하게 되었던 것입니다.

오르간 연주자를 다시 만났을 때, 그는 나에게 이런 설명을 해 주었습니다.

"사람들은 '인격'이라는 것을 너무 단순하게 생각하는 것 같아. 언제나 자신과 다른 부분만으로 한정지으려고 하는 거야. 그런데 사람은 그렇게 단순하게 이루어져 있지 않거든. 무척 복잡한 구성 요소를 가지고 있다 이 말이야. 사람들 하나하나가 다 그래."

이제 그는 내 수업의 선생님이었고, 나는 끊임없이 질문을 해 대는 제자가 되었습니다.

"모든 사람들의 마음속에는 여러 가지 것들이 포함되어 있다는 말이군요."

"그렇지. 우리의 영혼 속에는 먼 옛날 우리의 조상들이 겪은 온갖 것들이 들어 있는 거야. 그렇기 때문에 이 세상이 멸망한 뒤 평균적인 지능을 가진 아이 하나만이 살아남는다 하더라도, 그 아이는 인류가 만들어 온 온갖 신과 악마, 천국과 지옥, 율법과 금형, 구약 성서나 신약 성서 등의 모든 것을 창조해 낼 수 있을 거라는 얘기야."

"네, 좋습니다. 그렇다고 하죠."

하면서 나는 반문했습니다.

"그렇다면 도대체 어디에 개개인의 가치가 있는 것일까요? 만약 우리가 모든 것을 우리 속에 완성된 것으로 가지고 있다면, 무엇 때문에 노력을 하는 거죠?"

"잠깐!"

하고 피스토리우스는 소리쳤습니다.

"세계를 자기 안에 그저 가지고 있는 것과, 알고 있는 것 사이에는 큰 차이가 있지. 어떤 인식이 없는 한 그 아이는 그저 나무나 돌, 그냥 걸어다니는 동물에 불과하지. 하지만 어떤 인식의 불꽃이 밝혀지면, 그 아이는 비로소 인간이 되는 거야. 설마 두 다리로 걸어다닌다고 해서 모두가 인간이라고는 생각하지 않을 테지?"

우리의 대화는 대강 이랬습니다.

그 대화가 나에게 뭔가 새롭고 놀라운 무엇을 가져다 준 것은 아니었지만, 그 모든 것은 끊임없이 나의 의식을 일깨워 주었습니다.

그리고 그것은 내가 나의 알껍데기를 깨뜨리고 나오는 작업을 도와주었습니다.

이제 나는 나 혼자의 힘으로도 몸과 마음을 지탱해 나갈 수 있었고, 마침내 나의 황금빛 새는, 그 파괴된 껍데기 밖으로 아름다운 머리를 내밀 수 있게 되었던 것입니다.

우리는 자주 우리의 꿈을 이야기했습니다. 피스토리우스는 그 꿈을 해석할 줄 알았습니다.

그와 관련하여 아직도 내 기억에 남아 있는 신기한 경험이 하나 있습니다.

나는 꿈을 꾸었고, 그 꿈 이야기를 피스토리우스에게 해 주었습니다. "꿈 속에서 나는 자유롭게 훨훨 날아다니고 있었는데, 어느 순간 통제할 수 없는 어떤 큰 힘에 의해 공중에 내던져졌어요. 이 비행의 감정은 나에게 인상적이기도 했지만, 어떤 불안함도 느끼게 했어요. 나의 의지가 아닌 다른 힘에 의해 굉장한 높이로 끌어올려지는 것을 알았을 때의 그 감정은 공포 그 자체였다고나 할까요. 나는 호흡을 중지하거나 계속함으로써 오르내림을 조절할 수 있다는 것을 발견하고는 그제야 안심했죠."

그것에 관해 피스토리우스는 이렇게 설명해 주었습니다.

"자네를 날게 하는 그 힘은 원래 누구나 가지고 있는 인류의 큰 혜택이지. 그것은 온갖 힘의 근원이지만, 또 두려움을 만들어 내기도 하지. 그것은 아주 위험한 일이기 때문에 대부분의 사람들은 그처럼 나는 것을 포기한다네. 그리고 법이 정한 대로 걷기 편하게 만들어진 보도를 택하지. 그러나 자넨 달라. 자네는 유능한 청년답게 계속해서 날아가지. 자네는 곧 자신이 가고 싶은 대로 움직이게 할 조정관까지 발견하고 사용하게 될 걸세."

야곱의 투쟁

나는 그 이상한 음악가 피스토리우스로부터 아프락사스에 관해서 많은 이야기를 들었지만, 그 긴 이야기를 모두 여기에 옮길 수는 없습니다.

　나는 그에게서 여러 가지 중요한 것들을 얻을 수 있었는데, 그 중에서도 가장 중요한 것은 그가 나 자신에게 도달하는 길에 많은 도움을 주었다는 것입니다.

　그 당시 나는 열여덟 살 된 특이한 청년이었습니다. 나는 여러 가지 점에서 정상적인 궤도를 벗어나 있었습니다. 남보다 뛰어난 구석이 있는가 하면, 발달이 너무 늦은 구석도 있어 갈피를 못 잡고 있었습니다.

　'난 다른 애들보다 더 많은 것을 알고 있지. 난 천재일지도 몰라. 나의 엉뚱함도 어쩌면 천재의 한 특성에서 나온 것이 아닐까? 천재, 세상을 위한 천재…….'

　'아냐, 난 부족한 것이 너무 많아. 세상을 살아가기엔 너무 멍청해. 매일같이 이상한 것만 생각하고. 난 혹시 머리가 돌아 버린 것이 아닐까?'

　나 자신을 남과 비교할 때면 나는 종종 오만과 자만심을 느꼈으나, 동시에 우울함과 모멸감을 느끼기도 했습니다.

　나는 때때로 나 자신을 천재로 여겼고, 또 어떤 때에는 미친놈이라고 생각했습니다.

　나는 같은 또래의 아이들과 잘 어울릴 수가 없었습니다. 그들과 생각하는 방향이 달랐기 때문에, 그들이 느끼는 생활의 기쁨이나 슬픔을 함께 할 수가 없었습니다. 어울리려고 노력도 해 보았지만, 그들과의 단절감은 나를 절망적인 기분으로 몰아넣곤 했습니다.

　'나는 이제 그들과 너무 동떨어져 버렸어. 나는 앞으로 어떤 식으로 살아야 하는 걸까?'

　그러한 걱정은 앞으로의 나의 인생 행로에 대한 걱정으로까지 번졌으며, 나에게서 모든 자신감을 빼앗아 가 버렸습니다.

오직 나를 이해해 주는 사람은 나와 비슷한 기질의 피스토리우스뿐이었고, 이미 이런 고민의 과정을 다 거친 그는 나에게 많은 도움을 주었습니다.

"자네 자신에 대한 존경과 용기를 잃지 말게. 자네의 말과 꿈, 환상과 사상은 아무나 할 수 있는 것이 아닐세. 자네가 저번에 말한 그것은……."

그는 언제나 나에게서 가치 있는 무엇을 발견하여 진지하게 토론함으로써 내게 용기와 자신감을 심어 주었습니다.

"전에 자네는 이렇게 말한 적이 있지."

그가 말을 꺼냈습니다.

"음악을 사랑하는 것은 그것이 도덕적이 아니기 때문이라고. 그래, 그렇게 생각한다면, 자네 자신도 도덕가여서는 안 되는 거라고! 자네 스스로를 남과 비교해서는 안 돼. 자연이 자네를 박쥐로 만들었다면, 박쥐여야 하는 거야. 박쥐인 자네가 자신을 타조로 만들어서는 안 된다는 말일세."

"그래도 다들 타조인데, 나만 박쥐로 있다는 것은 정말 고통스러운 일이에요."

"그래, 물론 자네 스스로도 자신이 이상하게 생각되고, 한심하게 느껴지겠지. 세상이 요구하는 인간상에서 많이 벗어나 있으니까. 하지만 그렇다고 하여 자네가 보통 사람들과 같아진다면, 그건 아무런 의미도 없어. 결국 자네 인생을 낭비하는 것이 되고 마네."

"다른 사람들도 다 그렇게 살아가잖아요. 왜 나만 이래야 되는 거죠?"

"불을 보게. 그리고 구름을 보라고. 그것에 몸을 맡겨 버리게. 그것이 선생님이나 아버님, 또는 어떤 신의 마음에 들까 고민하지 말고!

그런 물음 때문에 다들 평범한 보도를 걷게 되고, 화석과 같이 굳어 버린 의식 없는 인간이 되고 마는 거야. 그렇게 되고 싶어? 정말 화석처럼 살고 싶은 거냐고. 싱클레어, 자넨 그렇게 할 수 없어. 그것이 자네 운명이야!"

"그래요. 나도 그들처럼 평범해지고 싶지만, 내 안의 그 무엇이 그걸 거부하고 있어요."

"우리의 신은 아프락사스야. 아프락사스는 자네의 어떤 생각이나 꿈, 그 무엇에 대해서도 이상하게 생각지 않아. 만약 자네가 흠잡을 것 없는 정상적인 사람이 된다면, 그 날로 아프락사스는 자네 곁을 떠나가 버리게 될 거야."

나는 나의 모든 꿈들을 피스토리우스에게 이야기했지만, 단 하나의 꿈만은 말할 수가 없었습니다. 그 꿈은 나의 꿈 중에서도 가장 중심이 되는 것이었고, 내가 제일 많이 꾸는 꿈이었습니다.

새의 문장이 달린 우리 집의 대문을 지나 어머니를 안으려고 하면, 언제나 어머니 대신 반은 남자고 반은 여자인 그녀를 안게 되는 것이었습니다.

그녀를 두려워하면서도 타는 듯한 욕망으로 그녀에게 이끌려 가는 꿈을 왠지 피스토리우스에게 털어놓을 수가 없었습니다.

다른 모든 것은 숨김없이 이야기했으나, 이것만은 말하지 않았습니다. 그 꿈은 나만의 은신처이며, 비밀이며, 도피처였습니다.

우울한 마음이 들 때면, 나는 피스토리우스에게 북스테후데의 〈파사칼리아〉를 연주해 달라고 청했고, 나는 어두운 교회 안에 앉아, 기이하고도 친밀한 내 속에 빠져 넋을 잃고 음악을 듣곤 했습니다.

음악은 언제나 나를 편안하게 해 주었습니다. 그가 연주하는 음악을 들을 때마다 나는 새로운 자신감을 얻곤 했던 것입니다.

때때로 우리는 오르간 소리가 사라지고 난 뒤에도 얼마 동안 교회 안에 앉아 있었고, 높은 고딕식 창문을 통해 불빛이 들어왔다가 사라지는 것을 보기도 했습니다.

"이상한 기분이 드는군."

피스토리우스가 말했습니다.

"내가 한때 신학도였고, 거의 목사가 될 뻔했다는 사실이. 그러나 그것은 그렇게 중요하지 않아. 나는 내가 성직자가 되는 것이 천직이고 목표라고 생각했어. 너무 빨리 결정해 버린 거지. 아프락사스를 알기도 전에 나를 여호와에게 바친 거야. 하지만, 종교는 모두 아름다운 걸세. 종교는 영혼이야. 그렇기 때문에, 우리가 기독교의 성찬을 받든, 메카로 순례를 가든 그 모든 것은 문제가 안 된다고."

"그런데,"

나는 약간 의아한 어조로 그에게 물었습니다.

"왜 성직자의 길을 가지 않으셨어요?"

"아니, 그건 안 되지, 싱클레어. 그렇게 됐다면, 나는 거짓말을 했어야 할 거야. 우리의 종교는 너무 이성적으로 되어 버렸다고. 몇 명 안 되는 정말로 신앙심이 두터운 사람들에게, 그리스도는 인간이 아니고 영웅이며, 신화라고 어떻게 말할 수가 있겠는가? 그리고 지혜의 말을 듣기 위해, 또는 의무를 다하려고 교회에 오는 사람들에게 내가 도대체 무슨 말을 해 줄 수 있겠나?"

"그들을 개종시키면 되잖아요?"

"아니, 그런 짓은 정말 하고 싶지 않네. 목사는 개종시키는 사람이 아닐세. 다만, 우리들의 신을 만들어 낸 감정의 지지자이며, 표현자가 되기를 원할 뿐이지."

그는 말을 중단했다가 다시 계속했습니다.

"우리가 지금 아프락사스라는 이름을 택했던 이 신앙이 정말 아름답지 않나? 그것은 우리가 가지고 있는 것 중 최고야. 그러나 이 신앙은 아직 젖먹이 어린아이에 지나지 않는다네. 이 종교는 많은 신도와 예배, 도취와 축제, 신비한 의식 같은 것이 필요하다고."

그는 생각에 잠겨서 자기 속으로 침잠해 갔습니다.

"왜, 비밀스러운 의식도 있잖아요. 같은 생각을 가진 몇몇이 모여서 하는."

나는 약간 주저하면서 물었습니다.

"물론 그렇지."

그는 고개를 끄덕였습니다.

"나도 벌써 오래 전부터 해 왔으니까. 만약 누군가 알았다면, 몇 년 동안 감옥살이를 해야 했을걸? 그러나 그것이 아직은 진짜가 아니라는 것도 잘 알고 있지."

갑자기 그가 내 어깨를 탁 치는 바람에 나는 깜짝 놀랐습니다.

"이봐, 자네 역시 무언가를 가지고 있을 거야."

그는 내 마음속으로 파고들기라도 하듯 강렬한 눈빛으로 쏘아보며 말했습니다.

"자네가 말한 적은 없지만, 난 자네가 내게 말하지 않은 꿈에 대해 알고 있네. 아니, 그 꿈 이야기를 해 달라고 하지는 않겠네. 하지만 거기에 대하여 충고 한 마디 해 주겠네. 그 꿈을 자네 것으로 만들게. 아직 완전하지는 않지만, 하나의 길이 될 수가 있어."

나는 아무 말도 하지 못한 채, 얼어붙은 듯이 그의 말을 듣고 있었습니다.

"자네는 열여덟 살 청년이고, 한창 사랑에 대한 꿈과 소망을 가지고 있을 나이네. 어쩌면 그런 강렬한 사랑에 대한 욕구가 두렵기도 하겠지만, 그것을 두려워할 필요는 없네. 그건 자네가 가진 것 중에서 가장 멋진 것일 수도 있거든.”

“당신에게도 그런 시절이 있었나요?”

“아, 나는 당신만한 때에 그런 사랑의 꿈을 억눌러 버림으로써 많은 것을 잃어버렸지. 자네만은 그러지 말게. 우리가 아프락사스를 안 이상 그렇게 해서는 안 되네. 우리는 아무것도 두려워해서는 안 되네. 자네의 영혼이 바라는 것이라면, 그것을 두려워하거나 억누를 필요는 없다는 말이지.”

나는 깜짝 놀라서 반문했습니다.

“그렇지만 어떻게 마음속에 떠오르는 일을 모두 행동으로 옮길 수 있겠어요? 만약 어떤 인간이 싫다면 그를 죽여도 된다는 말인가요?”

그는 나에게로 가까이 다가왔습니다.

“경우에 따라 그럴 수도 있지만 대개의 경우 그것은 잘못된 일이지. 무조건 떠오르는 대로 행동하라는 말은 아니야. 자네가 어떤 가치가 있다고 생각한 것을, 도덕적이지 않다는 이유를 들어 망쳐 버리거나 해서는 안 된다는 뜻일세.”

“글쎄요, 무슨 말인지 잘 이해가 안 가는군요.”

“이봐, 싱클레어. 자네가 죽이고 싶어하는 사람은 어떤 특정한 한 사람이 아니야. 그 인물은 가면에 지나지 않아. 어떤 사람을 미워한다는 것은, 그것을 통해 자기 자신 속에 도사리고 있는 무엇인가를 미워하는 것이라네.”

피스토리우스가 이처럼 정확하게 나의 비밀을 끄집어 내어 입에 올린 적은 없었습니다.

나는 어떤 말도 할 수가 없었습니다. 그의 말은 너무나도 강렬하게 나의 가슴을 쳤는데, 더욱 이상한 것은 몇 년 동안이나 내 마음속에 여운처럼 남아 있는 데미안의 말과 똑같다는 점이었습니다.

　그 두 사람은 전혀 알지 못하는 사이였는데도 불구하고, 마치 약속이나 한 듯이 내게 같은 말을 해 주는 것이었습니다.

　며칠이 지났습니다. 나는 두 번이나 그를 만나려고 기다렸으나 허탕쳤습니다.

　그러던 어느 날 밤, 나는 혼자서 술에 만취되어 비틀거리며 길모퉁이를 돌아 나오는 그와 마주쳤습니다. 나는 그를 부르고 싶지 않았습니다.

　그는 나를 보지 못한 채 내 곁을 지나갔으며, 마치 미지의 어느 곳에서 부르는 소리를 따라가듯 고독한 눈으로 허공을 응시하고 있었습니다.

　나는 그의 뒤를 따라 어떤 골목으로 들어갔습니다. 그는 마치 유령과 같았고, 눈에 안 보이는 끈에 끌려가듯 비틀거리는 걸음걸이로 가고 있었습니다.

　나는 슬픈 마음을 안고 집으로 돌아왔습니다. 나의 풀 수 없는 꿈에게로.

　'그는 이런 식으로 세계를 혁신하고 있었군!'
하고 나는 생각했고, 그 순간 내 생각이 뭔가 저속하고 도덕가인 척하는 것임을 느꼈습니다.

　'아니지. 도대체 내가 그의 꿈에 관해서 무엇을 알고 있단 말인가?
　비록 그는 술에 취해 가고 있었지만, 이렇게 두려움에 떨고 있는 나
　보다 더 확실한 길을 가고 있는지도 몰라…….'

　나는 주의해 본 일이 없는 동급생 중 하나가 시간만 나면 내게 접근하려는 것을 알아차렸습니다. 키가 작고 깡마른 소년으로, 그 시선과 태도 속에는 특이한 무엇을 지니고 있었습니다.

어느 날, 그는 집 근처에서 나를 기다리고 있었습니다. 그는 내가 자기 곁을 지나치도록 내버려 두더니, 다시 내 뒤를 따라와서는 현관 앞에 멈춰 섰습니다.

"뭐, 할 말 있니?"

나는 그를 쳐다보며 물었습니다.

"음……. 그냥, 너와 얘기하고 싶어서."

그는 수줍은 듯이 말했습니다.

"나하고 같이 좀 걸어 주겠니?"

나는 그를 따라가면서 그가 몹시 흥분한데다 기대에 넘쳐 있음을 알았습니다. 그의 손은 떨리고 있었습니다.

"너……, 심령론자(마음을 움직이는 근원적인 존재가 있어, 그것이 물질계에 기기한 현상을 일으키는 힘을 가졌다는 설을 믿는 사람)지?"

그가 느닷없이 물었습니다.

"하하하! 아냐, 크나우어."

나는 느닷없는 그의 말에 웃음이 터져 나왔습니다.

"아냐, 전혀 그렇지 않아. 그런데 어째서 그런 생각이 들었니?"

"그럼 너 신지학(신령스럽고 기묘한 지혜를 다루는 학문)에 관해 잘 알고 있지?"

"아니!"

"아, 그렇게 숨기려고만 하지 말고. 난 네가 좀 남다르다는 것을 알고 있어. 네 눈빛에는 뭔가 특별한 것이 담겨 있어. 너는 틀림없이 무슨 영적인 것과 통하고 있을 거야. 단순히 호기심에서 묻는 것이 아냐. 싱클레어, 난 네 도움이 필요해! 나도 그런 것들을 찾고 있어. 그리고 나는 아주 고독하다고!"

나는 잠시 이 친구가 내게 무엇을 바라고 있는지 생각했습니다.

"나는 영혼 같은 것에 대해 아는 것이 없어. 다만 내 꿈속에서 살고 있을 뿐이지. 아마 네가 느꼈다는 것이 그걸 거야. 다른 사람들도 꿈속에서 살긴 하지만, 그들 자신의 꿈은 아니야. 그게 나와 다른 점이지."

"그래, 아마 그럴 거야."

그는 속삭이듯 말했습니다.

"우리가 어떤 꿈에서 살고 있느냐가 문제겠지. 그런데 너 흰 마술에 관해 들어 본 적 있니?"

"아니, 처음 들어 보는데?"

"그것은 자기가 자기 자신을 지배할 수 있는 것을 뜻해. 그러면 인간은 불사의 몸이 될 수도 있고 마술을 행할 수도 있어. 한 번도 그런 연습을 해 본 적이 없어?"

"아니, 그런 적 없는데. 어떻게 하는 건데? 넌 해 봤니?"

내가 호기심을 보이자, 그는 갑자기 말문을 열려 하지 않았습니다. 내가 그에게 등을 보이며 돌아서자, 그제서야 그는 말을 꺼냈습니다.

"예를 들면, 나는 잠들고 싶거나 집중을 하고 싶을 때 그런 훈련을 해. 무엇이든지 한 가지만을 생각하지. 마음속으로 하나의 단어나 누군가의 이름, 또는 어떤 기하학적인 형태 하나만 생각하는 거야. 그 생각에 철저히 몰입하여 완전한 나의 것으로 만들려고 노력하는 거지. 그러면 이윽고 그것이 나의 내부로 들어오는 것을 느끼게 돼. 그러면 나는 그것을 몸 속에서 느끼게 되고, 점점 그것으로 꽉 차게 돼. 이럴 때쯤이면 난 완전히 확고해져서 어떤 것도 나를 동요시킬 수 없게 돼."

나는 그가 무슨 말을 하는지 어느 정도 이해할 수 있었습니다. 또 그가 다른 할 말이 있다는 것도 느꼈습니다. 그는 이상하게 흥분해 있었고, 다급해 보였습니다. 나는 그가 쉽게 질문할 수 있게 해 주려고 노력했습니다.

얼마 안 있어 그는 자기 본래의 문제를 꺼냈습니다.

"너도 금욕하고 있지?"

그는 두려운 듯이 물었습니다.

"무슨 의미지? 성적인 것 말이야?"

"그래, 그래. 나는 2년 전부터 금욕하고 있어. 이 학설을 안 이후부터. 그 전에는 부도덕한 짓을 많이 했어. 그게 무슨 의미인지는 알지? 너, 여자하고 자 본 적이 있니?"

"없어."

나는 말했습니다.

"내가 찾는 여자를 아직 발견하지 못했어."

"그럼, 이상형의 그 여자를 발견한다면, 그 여자와 잘 거니?"

"그럼, 물론이지. 그 여자가 거부하지만 않는다면."

나는 약간 장난스러운 어조로 말했습니다.

"아, 너는 길을 잘못 들어선 거야! 내면의 힘이란 철저하게 금욕하고 있을 때에만 형성되는 거야. 나는 2년 동안이나 참아 왔어. 2년하고 1개월 조금 넘었지. 이건 정말 힘든 일이야. 중간에 여러 번 참지 못할 뻔했어."

"이봐, 크나우어. 나는 금욕이 그렇게 중요한 일이라고는 생각지 않아."

"나도 알아."

라고 그는 내 말을 막았습니다.

"누구나 그렇게 말하지. 그렇지만 너까지 그럴 줄은 몰랐어. 보다 높은 정신적인 길을 가려는 사람은 순결해야 해, 절대로!"

"그럼, 그렇게 하도록 해! 그러나 나는 성적인 욕구를 억제한다 해서 그 사람이 다른 사람보다 순결하다는 것은 받아들일 수 없는걸. 그럼, 넌 꿈에 나타나는 모든 성적인 것들까지도 몰아낸단 말이야?"

그는 절망에 넘쳐서 나를 바라보았습니다.

"아니, 그렇게 못 하고 있어. 그게 문제야! 젠장, 나는 나 자신에게도 말 못할 꿈을 밤마다 꿔. 끔찍스러운 꿈이야!"

나는 피스토리우스가 나에게 했던 말이 생각났습니다.

그러나 그의 말이 옳다는 생각은 했었지만, 남에게 다시 전해 줄 수는 없었습니다. 내가 체험한 것도 아니고, 나 자신 또한 따르고 있지 않는 그런 것을 남에게 충고해 줄 수는 없는 노릇이었습니다. 그래서 나는 말문이 꽉 막혔습니다.

그리고 누군가가 내게 충고를 구하는데, 내가 해결해 줄 수가 없다고 생각하니 모욕감까지 느껴졌습니다.

"나는 모든 것을 시도해 보았어!"

라고 크나우어가 한탄하듯 말했습니다.

"나는 사람들이 할 수 있는 건 다 해 보았어. 냉수 마찰도 해 보고, 체조, 달리기……. 그러나 아무것도 소용이 없었어. 매일 밤 나는 내가 생각해서는 안 되는 꿈들만 꾸다가 깨어났지. 그리고 가장 끔찍한 것은 그런 꿈들 때문에 내가 정신적으로 배운 것이 없어져 버린다는 사실이야. 나는 이제 정신을 집중한다거나, 심지어는 잠드는 일조차도 마음대로 할 수 없게 되었어. 나는 종종 뜬눈으로 밤을 지새워. 정말 더 이상은 못 견디겠어. 이 투쟁을 끝까지 이겨내지 못한다면, 나는 오히려 한 번도 투쟁을 안 한 사람보다 더 나쁜 사람이 되는 거야. 이런 거 이해하겠니?"

나는 고개를 끄덕였습니다. 그러나 뭐라고 말해야 할지 몰랐습니다.

나는 왠지 따분한 생각이 들었습니다. 게다가 그의 노골적인 괴로움과 절망이 나에게 아무런 공감을 주지 않는 데 놀랐습니다.

내가 느낀 것은 다만 '나는 너를 도울 수 없다' 는 것뿐이었습니다.

"나에게 해 줄 말 없니?"

그는 마침내 지친 듯이 슬프게 말했습니다.

"무슨 방법이 있을 텐데! 전혀 없단 말야? 너는 어떻게 하고 있는거지?"

"말할 수 없어, 크나우어. 우리는 이 문제에 있어서는 서로 도울 수 없어. 나도 도와준 사람이 아무도 없었어. 너는 너 자신에 대해 생각을 하고, 정말로 너의 본질에서 솟아나오는 대로 행동하면 되는 거야. 그 이외에 아무 방법도 없어. 만일 네가 네 자신을 발견하지 못한다면, 넌 어떤 영혼도 찾아낼 수가 없을 거야."

그 작은 친구는 실망한 듯이 말을 잃고 나를 바라보았습니다.

그러더니 갑자기 그의 시선에서 증오의 불길이 타올랐습니다. 그는 얼굴을 찡그리고 난폭하게 소리쳤습니다.

"와, 넌 무슨 성자처럼 말을 하는구나! 너도 부도덕하지? 넌 마치 현자인 척하고 있지만, 나와 별반 다를 바가 없는 쓰레기야! 그렇지? 넌 돼지야, 나와 같은 돼지! 우리 모두는 다 돼지라고!"

나는 그를 세워 둔 채 그 자리를 떠났습니다. 그는 두세 걸음 나를 따라오다가는 돌아서서 뛰어가 버렸습니다. 나는 동정과 혐오의 마음 때문에 욕지기가 났습니다.

집에 돌아온 나는 내 작은 방에서 사진 몇 장을 주위에 세워 놓고, 자신의 꿈속으로 빠져 들어갈 때까지 이 기분에서 놓여날 수가 없었습니다.

곧 내 꿈은 다시 나타났습니다. 대문과 문장, 어머니와 미지의 여인에 대한 꿈이었습니다. 그리고 그 여인의 표정이 너무나도 분명했으므로, 나는 바로 그날 밤 그녀의 모습을 그리기 시작했습니다.

무의식적인 꿈과 같은 순간들 속에서 그려진 그 그림은 며칠 후에 완성되었습니다.

나는 저녁때 그 그림을 벽에 붙인 다음, 그 앞에 스탠드를 갖다 놓았습니다. 그리고 결단이 내려질 때까지 싸워야 하는 유령 앞에 서듯이 그 앞에 가서 섰습니다.

피스토리우스의 말이 떠올랐습니다. 그 말을 언제 들었는지는 생각나지 않았으나, 그 말을 다시 듣는 것같이 생생하게 느껴졌습니다.

그것은 하느님의 천사와 야곱의 투쟁에 관한 말이었습니다.

'만약 당신이 나를 축복하지 않으면, 나는 당신을 놓아 주지 않으리라.' (구약성서의 창세기 중에서)

등불에 비친 내 그림의 얼굴은 내가 부를 때마다 다른 얼굴이 되었습니다.

마침내 나는 마음 깊은 곳에서부터 울리는 어떤 강한 울림에 이끌려 눈을 감고 말았습니다. 그것은 마치 다른 하나의 '내'가 되어 버린 것처럼 나와 분리시킬 수 없었습니다.

한밤중에 나는 불현듯 잠에서 깨어났습니다. 옷을 입은 채 잠들어 있던 나는 일어나서 불을 켰습니다. 그리고 중요한 것을 생각해 내야 한다고 느꼈습니다.

몇 시간 전의 일은 이미 생각나지 않았습니다. 불은 켜졌고, 추억은 서서히 다가왔습니다. 나는 그림을 찾았습니다. 그것은 이미 벽에 걸려 있지 않았을 뿐더러 책상 위에도 놓여 있지 않았습니다. 어렴풋이 내가 그것을 태웠던 일이 생각났습니다.

'내가 그것을 태웠나? 아니면 그것을 태우고 재를 먹었던 꿈을 꾼 것

일까?'

갑자기 경련하듯 커다란 불안이 내게 엄습해 왔습니다.

나는 모자를 쓰고, 마치 누가 강요하기나 하는 것처럼 집과 골목을 지나서 폭풍에 휘말리듯이 거리와 광장으로 뛰어갔고, 내 친구의 어두운 교회 앞에서 귀를 기울였으며 무엇을 찾는지도 모르는 채 찾고 또 찾았습니다.

마치 몽유병자처럼 미지의 힘에 이끌려 이 황량한 곳을 달려가고 있던 나는, 내 고향 도시의 새 건물이 생각났습니다. 클로머에게 처음으로 돈을 건네주던 텅 비고 음산한 그 집과 같은 건물이 하나 나타났습니다.

그와 비슷한 건물이 지금 내 앞에 가로놓여, 나를 향해 시커먼 입을 벌리고 있었습니다. 나는 그 곳에 이끌렸습니다. 들어가고 싶었습니다. 그러나 한편으로는 피하고 싶기도 했습니다.

그러나 들어가고 싶은 욕망이 피하고 싶은 욕망보다 강했으므로 나는 들어가야만 했습니다.

판자와 부서진 벽돌을 넘어서 쓸쓸한 헛간 안으로 들어갔습니다. 습기 가득한 그 곳에서는 돌 냄새가 음울하게 났고, 주위는 완전히 어두웠습니다.

바로 그 때 놀란 듯한 어떤 목소리가 들려왔습니다.

"아니, 이게 웬일이야. 싱클레어, 어떻게 여기에 왔어?"

어둠 속에서 누군가가 벌떡 일어서는 것을 느낄 수 있었습니다.

나는 머리카락이 쭈뼛하면서도, 그것이 내 급우인 크나우어라는 것을 알았습니다.

"싱클레어, 어떻게 여기에 왔어?"

그는 매우 흥분해서 미친 듯한 어조로 물었습니다.

"어떻게 나를 발견했어?"

나는 이해가 안 갔습니다.

"나는 너를 찾은 게 아니야."

나는 당황해서 말했습니다. 한 마디 한 마디 내뱉는 것이 나로서는 너무 힘들게만 느껴졌습니다.

그는 나를 응시했습니다.

"찾지 않았다고?"

"그래, 그저 무엇엔가에 이끌려 온 것뿐이야. 네가 나를 불렀니? 네가 나를 불렀을 거야. 틀림없어. 그런데 여기서 뭘 하고 있는 거지? 이런 밤중에."

그는 여윈 팔로 경련하듯이 나를 안았습니다. 그의 몸이 몹시 떨리고 있었습니다.

"그래, 한밤중이야. 곧 날이 밝아올 거야. 오, 싱클레어. 날 잊지 않고 이렇게 와 주다니! 나를 용서해 주겠니?"

"무얼 용서해?"

"널 불쾌하게 만들었잖아."

이제야 비로소 우리의 대화가 기억 속에 떠올랐습니다.

그것은 겨우 4, 5일 전의 일이었지만, 나에게는 아주 먼 일처럼 생각되었습니다. 그러나 이제 나는 모든 것을 알았습니다.

우리 사이에 일어났던 일뿐 아니라 내가 왜 여기까지 왔으며, 크나우어가 이런 데서 무엇을 하려고 했는지 모두 알 수 있었습니다.

"죽으려고 했구나, 크나우어!"

그는 추위와 공포 때문에 몸을 부르르 떨었습니다.

"그래, 맞아. 그러나 정말로 그럴 수 있었는지는 모르겠어. 아침까지 기다릴 참이었거든."

나는 그를 밖으로 데리고 나갔습니다. 아침 햇살이 빗살처럼 퍼져 나가고 있었습니다. 나는 얼마 동안 크나우어의 팔을 잡고 걸어갔습니다.

나는 걸어가면서 속으로 그에게 말했습니다.

'이제는 집으로 돌아가는 거야. 그리고 아무 말도 하지 마. 너는 잘못된 길을 걸은 거야! 우리는 네가 생각하는 것처럼 돼지가 아니야. 우린 인간이야. 우리는 신을 만들고 그 신과 싸우지. 신은 우리를 축복해 주실 거야.'

우리는 말없이 걸었고, 말없이 헤어졌습니다. 집에 도착했을 때에는 낮이 되어 있었습니다.

도시에서 지내는 동안 가장 기분 좋았던 시간은 피스토리우스의 연주를 듣거나, 벽난로 불 앞에서 그와 함께 보낸 시간들이었습니다.

우리는 아프락사스에 관해서 그리스 어로 쓰인 글을 같이 읽었습니다.

그러나 나의 내면적 성장에 도움을 준 것은 그의 지식이 아니었습니다.

나에게 유쾌한 기분을 준 것은, 눈뜬 나의 의식의 발전과 나 자신의 꿈이나 생각, 예감에 신뢰감을 갖게 되어, 내 안의 힘을 깨닫게 된 것이었습니다.

피스토리우스와 나는 여러 가지 방법으로 교류하며 서로를 이해해 나가고 있었습니다.

그에게 연락하고 싶으면 나는 온 정신을 집중해 그를 생각하기만 하면 되었습니다. 그러면 틀림없이 그가, 또는 그의 편지가 왔습니다. 마치 데미안의 경우와 같았습니다.

그러나 내가 상상한 것은 피스토리우스도, 막스 데미안도 아니었습니다. 그것은 내가 꾸는 꿈속의 모습이었으며, 내가 그린 그림의 모습인,

남자이기도 하고 여자이기도 한 바로 그 인물이었습니다.

자살하려고 했던 크나우어와의 관계는 독특하고, 또 우습기도 했습니다. 내가 그에게 보내졌던 그날 밤 이후로 그는 충실한 하인이나 개처럼 나를 흠모했고, 그의 삶을 나의 삶과 연결시키려 했으며, 맹목적으로 나에게 복종했습니다.

그리고 기묘했던 것은, 내가 어떤 문제의 매듭을 풀려고 할 때면 어김없이 그가 찾아왔다는 것입니다. 그리고 그의 괴상하거나 어리석은 질문과, 그의 변덕스러운 생각이나 욕구는 종종 내 문제를 푸는 실마리가 되어 주었습니다.

가끔은 그가 귀찮게 느껴지기도 해서 그를 쫓아보내기도 했지만, 나는 그 역시 어떤 보이지 않는 힘에 의해 나에게 보내졌다는 것을 알았습니다.

그리고 크나우어는 어느 날, 내 옆에서 자취를 감추어 버렸습니다. 그와는 싸움이 필요 없었습니다.

그러나 피스토리우스는 그렇지 않았습니다. 도시에서의 고등학생 시절이 끝날 무렵, 나는 그와 어떤 묘한 일을 체험했습니다.

가장 선량한 사람에게도 일생에 한 번, 혹은 몇 번은 경건과 감사라는 미덕에 저촉되는 일이 생기게 마련입니다.

누구나가 자기의 아버지나 스승과 헤어져야 하며, 대부분의 사람들은 이 때, 움츠러드는 고독의 냉혹감을 느껴야만 합니다.

나는 부모님과 함께 했던 아름다웠던 어린 시절의 '밝은 세계'와 헤어질 때, 격렬히 싸우며 헤어지지 않았습니다. 나는 그들과 서서히, 거의 눈에 띄지 않게 멀어졌고 낯설어진 것입니다. 그것은 내가 고향을 찾을 때마다 종종 괴로운 시간을 갖게 만들었으나, 나의 심장 속까지 뚫고 들어오지는 않았으므로 견딜 수 있었습니다.

그러나 우리가 습관에 의해서가 아니라 자신의 의지로 사랑과 존경을 바쳤을 때, 형식적으로가 아니라 마음에서부터 제자이고 친구였을 때라면 그렇게 간단하지 않습니다.

자신의 의지로 사랑과 존경을 바쳤던 마음이 어느 날 갑자기 떠나려 한다는 것을 깨닫는 순간, 그것은 더할 수 없는 두려움과 괴로움으로 다가오는 것입니다.

그 무렵 나의 심정이 바로 그랬습니다. 날이 갈수록 나는 피스토리우스를 무조건 스승으로 받드는 마음에 반감이 일기 시작했던 것입니다.

내가 고교 시절의 체험 중에서 가장 소중하게 여겼던 것은 그와의 우정이었습니다.

그를 통해서 신은 나에게 말을 걸었고, 그의 입을 통해서 내 꿈은 나에게 다시 돌아올 수 있었습니다. 그는 나에게 스스로에 대한 용기를 심어 주었습니다.

그럼에도 불구하고 나의 마음속에서는 그에 대한 반감이 점차 자라고 있었습니다. 그가 내게 말을 할 때면 지나치게 설교조가 되는 것이 싫었고, 그가 나를 이해한다고는 하나 그것은 지극히 일부에 지나지 않는다는 생각도 하기 시작했던 것입니다.

우리들 사이에는 싸움도, 불쾌한 일도, 절교도, 청산도 없었습니다. 나는 그냥 그에게 단 한 마디만을 했을 뿐입니다. 그러나 그 한 마디는 우리 사이를 묶어 두었던 환상을 산산이 깨 버렸습니다.

나는 벌써 오래 전부터 그것을 예감하고는 있었지만, 그것이 확연히 드러난 것은 어느 일요일 그의 서재에서였습니다.

우리는 늘 하듯이 벽난로 앞에 엎드려 불을 보고 있었습니다.

그는 자기가 연구하고 있는 여러 종교의 형태나 비밀스러운 의식에 관해 이야기하고 있었습니다. 그는 그런 쪽에 관심이 많았고, 상당한 가치를 두고 있었습니다.

그러나 나에게는 그 모든 것이 신기하고 재미있는 일로만 생각되었지, 그렇게 우리 삶에서 가치 있고 중요한 것이라고는 여겨지지 않았습니다.

그러자 나는 갑자기 그의 이런 연구들에 대해 심한 혐오감이 느껴졌습니다.

"피스토리우스!"

나 자신도 깜짝 놀랄 만큼 악의에 찬 목소리로 말했습니다.

"이제 당신이 꾼 꿈에 관해서 얘기하는 것이 어때요? 당신이 꾸는 진짜 꿈 말이에요. 지금까지 당신이 해 준 얘기들은 이제 너무 지겨워요. 곰팡이 냄새가 난다고요!"

그는 내가 이런 투로 말하는 것을 아직까지 들어 본 적이 없었습니다. 말을 내뱉은 순간, 나는 그의 심장을 찌른 화살이 다시 내게로 돌아옴을 느꼈습니다. 수치심과 두려움이 느껴졌습니다. 지금 내가 그에게 해 댄 말은, 그가 종종 자기를 비난할 때 쓰던 말이었습니다.

그는 그것을 당장 알아차렸고, 입을 다물었습니다. 나는 불안해져서 공포스러워지기까지 했습니다. 그의 얼굴이 무섭도록 창백해지는 것을 부끄러운 마음으로 바라보았습니다.

무겁고 긴 침묵이 흐른 뒤, 그는 새로 장작을 불 위에 얹으며 조용히 말했습니다.

"자네 말이 맞네, 싱클레어. 역시 자넨 머리가 좋아. 이제 더 이상 이 따위 곰팡이 냄새가 나는 말은 하지 않겠네."

그는 매우 조용하게 말했지만 그의 목소리에서 상처 입은 마음을 느낄 수 있었습니다.

'아, 도대체 내가 무슨 짓을 한 걸까!'

눈물이 쏟아질 것 같았습니다. 그에게 다정한 태도를 취하고 싶었고, 또한 용서를 빌고 싶었습니다. 나의 애정과 따뜻한 감사를 보일 수 있는 감동적인 말도 떠올랐으나, 나는 그것을 말할 수가 없었습니다.

나는 엎드린 채 아무 말 없이 계속 불을 바라보고 있었으며, 그도 아무 말 하지 않았습니다. 그러는 동안 불은 다 타 버리고 점차 스러져 갔습니다. 소리를 내며 스러져 가는 불을 볼 때마다, 나는 다시는 돌아오지 못할 아름답고 다정한 그 무엇이 사라져 버리는 것을 느꼈습니다.

"저……. 제가 하려던 말은 그게 아닌데요……."

나는 마침내 메마르고 쉰 목소리로 겨우 말을 꺼냈습니다. 이 어리석고 무의미한 말은 신문소설을 소리내어 읽듯이 내 입술에서 기계적으로 새어 나왔습니다.

"아니, 난 자네 말뜻을 잘 알고 있네……. 자네 말이 옳아."
라고 피스토리우스는 낮은 목소리로 말했습니다. 나의 대꾸를 기대하는 모양이었으나 나는 아무 말도 할 수 없었습니다.

'아니에요! 그게 아니라고요!'

내 속에서 외치는 소리가 들렸습니다.

'제가 나빴어요, 제가 잘 모르고 한 얘기예요!'

그러나 나는 아무 대꾸도 하지 못했습니다.

나는 그 자신이 스스로 알고 있는 그의 본질적인 약점과 고뇌에 쐐기를 박은 것이었습니다.

그가 꿈꾸어 온 것은 한낱 '곰팡내 나는 것' 외의 아무것도 아니었던 것입니다. 그는 과거에 살고 있는 구도자요, 유치한 낭만주의자에 지나지 않았던 것입니다.

그 순간, 나는 문득 깨달았습니다. 지금까지 내게 의미를 준 그의 말들은 피스토리우스 자기 자신에게는 아무런 의미가 될 수도 없었다는 사실을 말입니다.

그는 나를 어떤 길로 인도했으나, 그 길로 가기 위해서는 스승이 되어 준 피스토리우스를 짓밟고 넘어서는, 그를 다시 내동댕이치지 않으면 안 되었던 나의 운명을 보았습니다.

'왜 그런 말을 했을까?'

나에게서 어떻게 그런 말이 나올 수 있었는지 정말 의아했습니다.

나는 다만 대수롭지 않은 말로써 나의 재치와, 약간은 심술궂은 장난을 보여 준 것뿐인데, 그것은 운명이 되어 버렸습니다. 나의 사소한 부주의에서 나온 거친 태도가 그에게는 하나의 심판이 되어 버린 것입니다.

'아, 피스토리우스! 제게 벌을 주세요. 제발 제게 화를 내시고, 제가 한 말에 대해 변명을 해 주세요. 차라리 저의 말을 비난하세요!'

나는 그가 어떤 형태로든 나를 비난해 주기를 바랐습니다. 그러나 그는 조금도 그런 말을 하지 않았으며, 나는 속으로 나를 질책해야만 했습니다.

피스토리우스가 그렇게 조용히 나의 배은을 받아들임으로써, 나의 경솔함은 천 배나 확대되었고, 나 자신으로 하여금 나를 증오하게 만들었습니다.

'나는 그따위 말로 그를 건드렸을 때, 그가 얼마든지 자신을 방어할 수 있는 줄 알았다. 그런데……. 그는 조용히 내 말을 받아 주었다. 아무 말 없이 항복해 버리다니…….'

우리는 오랫동안 꺼져 가는 불 앞에 엎드려 있었습니다.

불길이 만들어 내는 각양 각색의 모양들과, 사그라지는 장작은 아름답고 행복하며 풍요로웠던 시간을 떠올리게 했습니다.

피스토리우스에 대한 죄의식이 자꾸만 쌓여, 나는 더 이상 견딜 수가 없게 되었습니다. 나는 일어서서 밖으로 나갔습니다.

나는 그의 방문 앞에서, 어두운 계단에서, 대문 앞에서 오랫동안 그를 기다리며 서 있었습니다. 혹시 그가 나와서 나를 따라오지나 않을까 해서였습니다.

나는 다시 걸었습니다. 시내와 교외와 공원과 숲 속을 밤이 될 때까지 돌아다녔습니다. 그 때 나는 처음으로 내 이마 위에 새겨진 '카인'의 표시를 느꼈습니다.

차츰 나는 돌이켜 생각해 볼 수 있는 여유가 생겼습니다. 나를 고발하고 피스토리우스를 변호하려는 생각으로 가득 차 있었습니다. 그러나 이 생각은 오히려 반대로 결론이 났습니다.

나는 경솔하게 나와 버린 내 말을 후회하고 취소하려고 했습니다. 그러나 한편으로, 내 말은 진실이기도 했던 것입니다.

'그의 꿈은 성직자가 되는 것, 새로운 종교를 선언하는 것, 그리고 새 종교에 숭고와 사랑과 예배의 형식을 주고, 새로운 상징을 세우고 싶어했지. 그러나 그것은 그의 힘에 닿지 않았고, 그의 의무도 아니었어……. 그의 사명은 어쩌면 그가 나에게 했던 것처럼, 인간을 그들 자신의 길로 가도록 도와주는 데 있지, 새로운 신을 제시하는 데 있는 것이 아니었어!'

이렇게 생각하자 갑자기 하나의 깨달음이 불길처럼 타올랐습니다.

'그래, 우리들 누구에게나 '사명'이 있다. 그러나 아무도 그것을 자신의 마음대로 선택하고 변화시키고 관리할 수는 없어. 깨달은 사람의 단 한 가지 의무는 그저 자신의 길을 앞으로 더듬어 가는 것이다!'

이러한 생각은 나에게 깊은 감동을 주었습니다. 그리고 이것이야말로 피스토리우스와의 체험에서 얻은 결실이었습니다.

나는 가끔 나의 미래의 모습을 그리며 즐거워하곤 했습니다. 나는 시인, 예언자, 화가 또는 나에게 어울릴 만한 다른 역할들을 그려 보았으나 이 모든 것은 부질없는 짓이었습니다.

인간의 사명이란 오직 자기 자신에 도달하는 것 한 가지뿐이었습니다.

나는 피스토리우스와 화해하려고 애쓰지는 않았습니다. 우리는 여전히 교류를 가지고 있었지만, 관계는 달라졌습니다. 그후 우리는 그 문제에 관해 단 한 번 이야기한 적이 있는데, 그가 먼저 말을 꺼냈습니다.

"나는 성직자가 되고 싶었네. 알지? 우리가 그토록 갈망했던 새로운 종교의 성직자 말일세. 그러나 나는 그렇게 될 수 없으리라는 걸 잘 알고 있네. 고백은 못 했지만 오래 전부터 알고 있었지. 하지만 나는 다른 방법으로 봉사할 수는 있을 거야. 어쩌면 오르간을 치거나 뭐여러 가지가 있겠지. 아무튼 나는 오르간 음악과 같은 신비로운 것, 상징과 신화 같은 아름답고 성스러운 것들에 둘러싸여 있어야만 해. 나는 그것을 필요로 하고, 또 그것에서 벗어날 수 없어. 이게 바로 내약점이야. 난 겟세마네의 예수처럼 완전히 벌거벗고 고독하게 서 있을 수가 없었네. 난 따스함과 먹이를 필요로 하고, 동료가 필요하네. 난 완전히 나 자신에게로만 다다르는 것을 할 수 없네."

나는 아주 고요한 시간에 몇 번인가 그것을 느낀 적이 있었습니다.

그럴 때면, 나는 자신의 내면에서 내 운명의 형상이 눈을 부라리고 있는 것을 보기도 했습니다. 그 눈은 지혜나 광기로 차 있기도 했고, 사랑이나 악의에 차 있을 때도 있었습니다.

그러나 그것은 모두 같은 것이었습니다. 그 중의 어느 것도 우리 마음대로 선택하거나 원할 수 없었습니다. 오직 자기 자신만을, 자기 운명을 원할 수 있을 뿐이었습니다.

그리고 내가 이런 것까지 알 수 있었던 것은 피스토리우스가 있었기 때문입니다.

그 무렵 나는 목적도 없이 방황하고 있었습니다. 태풍이 나의 마음속에 있었고, 한 걸음 한 걸음이 마치 수렁과 같았습니다. 그리고 나는 나의 내부에서 인도자의 모습을 보았습니다. 그 모습은 데미안과 비슷했으며, 그의 눈에는 내 운명이 어려 있었습니다.

나는 종이 위에 이렇게 적었습니다.

'한 지도자가 나를 버렸다. 나는 캄캄한 어둠 속에 홀로 서 있다. 혼자서는 한 발짝도 내디딜 수가 없다. 도움이 필요해!'

나는 이 종이를 데미안에게 보내려고 했으나 그만두었습니다.

이제 모든 일은 내가 그것을 하려고 하면 할수록 어리석고 무의미한 짓으로 보였습니다. 그러나 나는 이 짧은 기도문을 암기했고, 그것을 종종 나의 내면에 들려주었습니다. 그것은 언제나 나를 따라다녔고, 나는 어렴풋이 기도가 무엇인가를 느끼기 시작했습니다.

나의 고등학교 시절은 끝났습니다.

나는 아버지의 제안으로 방학 동안 여행을 할 예정이었습니다. 그런 뒤에 대학에 갈 것입니다. 무엇을 전공할 것인지는 아직 정하지 않았습니다. 한 학기 동안 철학 공부를 할 것이 허락되었습니다. 그러나 나는 그것이 다른 어떤 과목이었더라도 역시 만족했을 것입니다.

에바 부인

방학 동안 고향집에 머물면서, 나는 몇 년 전 막스 데미안이 그의 어머니와 함께 살고 있던 집에 가 보았습니다. 어떤 노부인이 마당을 거널고 있었습니다. 나는 노부인과 이야기를 나누었고, 그 집이 그 노부인의 것임을 알게 되었습니다.

"혹시, 전에 여기서 살았던 사람들에 대해 아는 게 있으신지요?"

"그 사람들이라면 잘 기억하고 있지. 하지만 그네들이 어디에 사는지는 모르겠수."

기대에 찬 얼굴로 노부인을 바라보던 나의 표정이 적잖이 실망스러워 보였는지, 노부인이 한 마디 덧붙였습니다.

"그 사람들이 여기서 살 때, 함께 찍은 사진이 어디 있을 텐데, 그거라도 한번 보겠수?"

"네, 그럼요. 정말 감사합니다."

노부인은 나에게 호의를 느꼈는지, 나를 집 안으로 데리고 갔습니다.

"잠깐 앉아 있구려. 내 사진첩을 가져올 테니."

잠시 후, 노부인은 가죽 표지로 된 사진첩을 가지고 왔습니다.

"음, 그 사진이 어디 있더라?……. 아, 여기 있군 그래. 이게 데미안의 엄마라우."

노부인은 사진첩 안에서 한 장의 사진을 꺼내어 내게 보여 주었습니다.

"앗!"

그 사진을 보았을 때, 나는 숨을 쉴 수가 없었습니다. 심장의 고동이 멈춘 듯했습니다.

바로 그것은 내 꿈속의 여인이었던 것입니다! 바로 그 여자였습니다.

몸집이 크면서 남성적이기도 한 어머니는 자애로우면서도 깊은 열정이 담긴 표정을 짓고 있었으며, 아름답고 매혹적이며 동시에 가까이 갈 수 없는 엄격함이 있었습니다.

내 꿈 속의 여인이 지상에 살고 있다는 것을 알았을 때, 나는 기적 같은 현실 앞에서 온몸이 부르르 떨렸습니다.

'이렇게 생긴 여자가, 내 운명의 모습을 그대로 지닌 여자가 살아 있
다니! 그 여자가 바로 데미안의 어머니라니!'

그 후 나는 곧바로 여행을 떠났습니다. 이상한 여행이었습니다. 나는
쫓기듯이 이 곳에서 저 곳으로 영감이 떠오르는 대로 그 여자를 찾아
돌아다녔습니다.

그 여자를 연상시키는 모습들을 자꾸 만나게 되는 날이 있었습니다.
그래서 나는 낯선 도시의 골목으로, 역으로, 기차 안으로 끌려 들어갔습
니다.

그렇지만 한편으로는 내가 찾고 있는 것이 얼마나 헛된 것인가를 깨
닫는 날도 있었습니다. 그러면 나는 하릴없이 아무 공원이나 호텔 정원,
아니면 대합실에 앉아서 내 속에 있는 모습을 뚜렷하게 떠올려 보려고
노력했습니다. 그러나 그 모습은 이제 수줍은 듯했고, 사라져 가는 듯이
느껴졌습니다.

한번은 취리히에서 어떤 여자가 나를 따라왔습니다. 예쁘게 생겼으나
좀 뻔뻔스러운 여자였습니다. 나는 그 여자를 쳐다보지도 않고 그냥 걸
어갔습니다. 다른 여자에게 단 한순간이라도 흥미를 가질 바에는 차라
리 당장에 죽음을 택했을 것입니다.

나는 내 운명이 나를 잡아당기는 것을 느꼈고, 눈앞에 닥쳐오는 현실
앞에서 초조한 나머지 어쩔 줄 몰랐습니다.

언젠가 한 번은 인스부르크 역에서, 막 떠나는 기차에 타고 있는 그
여자와 닮은 사람을 보고는 하루 종일 속을 태웠습니다. 그리고 그
모습은 꿈속에 다시 나타났습니다.

나는 추적의 무의미함을 깨닫고는 부끄럽고 쓸쓸한 느낌으로 곧바로
차를 타고 집으로 돌아왔습니다.

몇 주일 뒤에 나는 대학에 입학했습니다. 대학 생활의 모든 것이 나를 실망시켰습니다.

강의는 대학생들의 행동과 마찬가지로 기계적이었습니다. 하나같이 틀에 박힌 것이었습니다. 누구나가 똑같이 행동을 했고, 명랑한 소년 같은 표정은 똑같이 덜되어 보였습니다.

그러나 나는 자유로웠습니다. 나는 하루 종일 혼자 있었습니다. 조용하고 쾌적하게 옛 도시의 성곽 안에서 마음껏 내 안에 침잠해 있을 수 있었습니다.

그리고 니체의 저서를 읽으며 그와 함께 살았습니다. 나는 그의 영혼의 고독을 느꼈고, 그를 쉴새없이 몰아 낸 운명을 짐작했으며, 그와 함께 괴로워했습니다. 나는 그처럼 가차없이 자기의 길을 간 사람이 한 사람이라도 있다는 것에 행복해했습니다.

어느 날 저녁 늦게, 나는 불어 대는 가을 바람 속을 지나 시내로 걸어 갔습니다. 음식점에서 학생연맹 회원들의 노랫소리가 흘러나왔습니다. 열어 놓은 창으로 담배 연기가 구름같이 흘러나왔고, 뻣뻣하고 단조로운 노랫소리가 파도처럼 몰려 나왔습니다.

나는 길모퉁이에 서서 귀를 기울이고 있었습니다. 두 군데 술집에서 기계적으로 연습된 쾌활한 젊은이들의 목소리가 밤 공기 속으로 울려 퍼졌습니다. 어디를 가나 단체의 모임이 있었으며, 어디에나 운명의 발산과 아늑한 군중들에게로의 도피가 있었습니다.

내 뒤로 두 남자가 천천히 걷고 있었고, 그들이 나누는 대화가 들려 왔습니다.

"이건 꼭 흑인촌에 있는 술집과 똑같지 않습니까?"

"모든 게 똑같지요. 문신까지도 말이에요. 이것이 바로 젊은 유럽이거든요."

귀에 익은 목소리였습니다. 나는 어두운 골목 안으로 그 두 사람을 따라갔습니다. 그 중의 한 명은 일본인이었습니다.

그의 동행인 다른 사나이가 다시 입을 열었습니다.

"당신네 나라 일본도 마찬가지 아닙니까? 군중을 따라가지 않는 사람이라곤 어디에도 별로 없는 법이니까요."

그의 한 마디 한 마디가 기쁘면서도 놀랍게 내 마음속에 스며들었습니다. 나는 말하고 있는 사람을 알고 있었습니다. 그는 바로 데미안이었습니다.

바람이 조금씩 부는 밤이었습니다. 나는 어두운 골목길에서 데미안과 일본인의 뒤를 따라가며 그들의 이야기에 귀를 기울였고, 그의 음성이 울리는 것을 즐겼습니다.

데미안의 목소리에는 옛날과 같은 어조의 아름다운 고요와 안정이 있었으며, 나를 사로잡는 힘이 있었습니다. 드디어 나는 데미안을 찾아낸 것이었습니다.

교외의 어떤 길 끝에 이르자, 일본인은 작별 인사를 한 뒤 대문을 열고 안으로 들어갔습니다. 데미안은 왔던 길로 돌아 나왔습니다. 나는 길 한복판에 멈춰 서서 그를 기다렸습니다.

심장이 두근거리면서 나는 그가 나를 향해서 똑바로 걸어오는 것을 보았습니다. 갈색 외투를 입고 가느다란 지팡이를 팔에 건 채 말입니다. 그는 규칙적인 걸음걸이를 바꾸지 않고 바로 내 앞까지 오더니 모자를 벗었습니다.

그는 옛날의 환한 얼굴 그대로였습니다.

"데미안!"

나는 큰 소리로 그를 불렀습니다.

"역시 너였구나, 싱클레어! 너를 기다리고 있었어."

"내가 여기 있는 줄 알고 있었어?"

"알고 있지는 않았지만, 아주 강하게 바라고 있었지. 너를 본 것은 오늘밤이 처음이지만, 너는 내내 우리를 따라왔잖아!"

"나를 금방 알 수 있었어?"

"물론이지. 좀 변하기는 했지만, 표시를 가지고 있으니까."

"표시라고? 무슨 표시?"

"우리가 전에는 그것을 카인의 표시라고 불렀었지. 아직 기억할지 모르지만. 그것은 우리의 표시야. 너는 언제나 그것을 가지고 있었어. 그래서 내 친구가 된 거야. 그런데 이제는 그것이 더 뚜렷해졌군."

"몰랐어. 아니, 어쩌면 알고 있었는지도 몰라. 언젠가 네 그림을 그린 일이 있었는데, 그 그림이 나하고도 많이 닮아서 깜짝 놀랐어. 그것이 네가 말하는 '표시'였을까?"

"그래. 바로 그거야. 하여튼 만나서 반갑다. 어머니도 반가워하실 거야."

"너의 어머니? 여기 계시니? 나를 알고 계시니?"

"물론이야. 너를 잘 알고 계시지. 내가 말씀드리지 않아도 널 알아보실걸? 네 소식을 들은 지도 정말 오래되었구나."

"몇 번이고 편지를 쓰려고 했지만, 잘 되지 않았어. 그런데 얼마 전부터는 머잖아 널 만나게 되리라는 생각이 들기 시작하더라고. 그래서 날마다 그 날을 기다려 왔지."

우리는 팔짱을 끼고 같이 걸어갔습니다. 고요가 그로부터 발산되어 내 속으로 들어왔습니다. 우리는 예전의 추억담을 이야기했고, 대학 생활에 관해서도 이야기를 했으며, 그밖에 많은 다른 화제로 이야기를 나누었습니다. 그것은 우연한 것같이 보였으나, 모든 것이 긴밀한 연관을 맺고 있었습니다.

그는 유럽의 정신에 대하여 말했고, 이 시대의 특징에 대해 이야기했습니다.

우리는 늦게서야 강가에 있는 어느 정원 앞에서 걸음을 멈추었습니다.

"우리는 이 집에 살고 있어."

데미안이 말했습니다.

"언제든 한 번 찾아와 줘. 진심으로 기다리고 있겠어."

기쁜 마음을 안고 나는 싸늘해진 밤 공기를 마시면서 먼 길을 되돌아왔습니다.

거리에는 집으로 가는 학생들이 여기저기서 소리를 지르며 비틀거리고 있었습니다. 나는 종종 그들의 유쾌하며 우스꽝스러운 태도와, 나의 고독한 생활 사이에서 갈등을 느꼈습니다. 때로는 아쉬운 감정이, 때로는 경멸감이 마음을 괴롭혔던 것입니다.

그러나 오늘처럼 고요함과 신비로운 힘에 이끌려서, 그 모든 것이 나와 얼마나 상관없는 일인가를, 그리고 이 세계가 나에게는 얼마나 멀리 떨어진 세계인가를 느낀 적도 없었습니다.

그러나 내가 도심에서 떨어진 집으로 돌아와 침대 속에 들어갔을 때, 이미 이런 생각은 사라져 버렸습니다. 나의 온 정신은 데미안이 자기 집에 오라던 그 말에 매달려 있었습니다.

'내가 원하기만 하면, 곧 내일이라도 데미안의 어머니를 볼 수 있다!'

나는 다만 내 운명이 새로운 모습으로 나를 향해 다가올 날만을 기다렸습니다.

나는 아침 늦게까지 깊은 잠을 잤습니다. 새 날은 마치 내가 소년 시절에 느꼈던 성탄절 아침과 같은 기분으로 밝아 왔습니다.

나에게 있어서 중요한 날이 시작된 것을 느꼈고, 내 주위의 세계가 변모했으며, 엄숙하게 대기하고 있는 것을 보고 또 느꼈습니다.

가을비가 소리없이 내리던 그 날은, 마치 엄숙하고도 즐거운 음악에 가득 찬 축제일 같았습니다.

나는 어린 시절 성탄절 같은 대축제일 아침의 세계를 바로 이렇게 보았었습니다. 나는 이 세계가 아직도 이렇게 아름다울 수 있으리라곤 생각지도 못했습니다.

나는 나의 내면에 묻혀 사는 것이 버릇이 되어 있었고, 저 바깥 세상의 의미는 내게서 잊혀진 것이었습니다. 빛나는 색채의 아름다움은 유년기의 상실과 함께 사라져 버렸고, 영혼의 자유와 성숙을 위해서는 그만한 대가를 치러야 한다는 것에도 익숙해졌습니다.

그런데 지금 나는 유년기의 행복을 체념한 사람도 세계가 빛나는 것을 느낄 수 있으며, 어린 시절에 느꼈던 내적인 전율을 아직도 맛볼 수 있음을 알았습니다.

그날 밤, 막스 데미안과 작별인사를 나누었던 그 정원을 찾아갈 시간이 다가왔습니다.

밝고 쾌적해 보이는 작은 집 하나가 비에 젖은 나무 뒤로 보였습니다. 커다란 유리벽 뒤로는 꽃나무가 몇 그루 서 있었고, 투명한 유리창 안으로는 그림과 책장이 있는 어두운 방이 보였습니다. 대문은 난방을 한 자그마한 현관으로 곧장 연결되어 있었습니다.

검은 옷에 흰 앞치마를 두른 늙은 하녀가 나를 안내했습니다.

그 여자는 나를 현관에 혼자 남겨 두었습니다. 나는 주위를 둘러보았습니다. 곧 나는 내 꿈의 한가운데로 들어갔습니다.

그 때 검은 틀의 액자에 끼워진 낯익은 그림 하나가 눈에 들어왔습니다. 그것은 세계의 껍질에서 나오려고 하는 황금빛 머리를 가진 나의 새였습니다. 나는 가슴이 뿌듯하여 서 있었습니다. 그 순간 나는 왠지 슬프기도 하고, 기쁘기도 했습니다.

수많은 영상이 번개처럼 나의 영혼을 스치고 지나가는 것을 보았습니다.

문 위에 낡은 석조 문장이 달린 고향의 우리 집, 그 문장을 스케치하던 소년 데미안, 사악한 클로머의 올가미에 걸려 두려움에 떨던 소년 시절의 나, 조그만 방 책상에서 새를 그렸던 청년 시절의 나, 바로 이 순간까지의 모든 것이 내 마음속에서 메아리쳤습니다.

나는 젖은 눈으로 그림을 응시했고, 나의 마음을 읽었습니다. 그 때 시선이 아래로 향했습니다.

문 앞에 검은 옷을 입은 키 큰 여인이 서 있었습니다. 바로 그림 속의 여인이었습니다.

나는 한 마디도 할 수가 없었습니다. 아들의 얼굴과 마찬가지로 시간도 연령도 없고, 의지에 넘친 영혼만을 담은, 그 아름답고 위엄 있는 여자가 다정하게 미소지었습니다. 부인의 시선은 현실이었고, 부인의 인사는 내가 드디어 고향으로 돌아온 것을 뜻했습니다.

나는 아무 말도 못한 채 두 손을 부인에게 내밀었습니다. 부인은 따스한 손으로 내 손을 꼭 잡아 주었습니다.

"당신이 싱클레어지요? 한눈에 알아보겠어요. 반가워요!"

부인의 목소리는 맑고 따스했습니다. 나는 달콤한 포도주를 음미하듯 그 소리를 마셨습니다. 그리고는 고개를 들어 부인의 조용한 얼굴을, 검고 신비스러운 눈을, 생기 넘치는 성숙한 입술을, 표시를 지닌 넓고 위엄 있는 이마를 보았습니다.

"얼마나 기쁜지 모르겠어요."

나는 부인에게 이렇게 말하고는 그 손에 키스했습니다.

"오랜 방황을 마치고 고향에 돌아온 것 같은 기분이 듭니다."

부인은 어머니처럼 미소를 지었습니다.

"고향에 돌아올 수 있는 사람은 없어요."

그러자 부인은 다정하게 말했습니다.

"하지만 눈에 익은 길을 만나면 고향같이 보이는 법이랍니다."

부인의 말투는 아들과 비슷했으나, 한편으로는 또 완전히 달랐습니다. 모든 것이 보다 성숙했고 따뜻했으며 분명했습니다.

예전에 데미안이 아무에게도 소년 같은 인상을 주지 않았던 것처럼, 그의 어머니 또한 다 자란 아들의 어머니같이 보이지 않았습니다.

그만큼 부인의 얼굴과 머리카락 위에는 젊고 달콤한 빛이 감돌았고, 그만큼 부인의 금빛 피부는 매끄럽고 주름이 없었으며, 그만큼 부인의 입술은 아름다웠습니다.

내 꿈속에서의 모습보다도 더 여왕 같은 모습으로 부인은 내 앞에 서 있었습니다.

이것이야말로 나의 운명이 내게 보여 준 새로운 모습이었습니다. 그것은 더 이상 나를 고독 속으로 밀어넣지 않았으며, 어떤 각오나 맹세 따위도 필요로 하지 않았습니다. 운명은 이제 무르익은 기쁨을 담고 있었습니다. 나는 목적지에 가 닿은 것입니다.

비록 내가 어떻게 된다 할지라도 이 세상에서 부인을 알고, 부인의 음성을 듣고, 부인 가까이에서 호흡할 수 있다는 것만으로도 행복했습니다.

이 부인이 나의 어머니가 되든 애인이 되든 여신이 되든, 하여간 이곳에 있기만 하다면, 다른 것은 아무것도 문제 될 것이 없었습니다.

부인은 내가 그린 매의 그림을 가리켰습니다.

"저 그림을 받았을 때, 막스가 그처럼 기뻐하는 걸 본 적이 없었어요."

부인은 생각에 잠겨서 말했습니다.

"그리고 나도 그랬고요. 우리는 당신을 기다렸어요. 그림이 왔을 때 우리는 당신이 우리에게로 오고 있다는 것을 알았지요. 어느 날, 막스가 학교에서 돌아와서는 이마에 표시가 있는 아이가 있는데, 그 아이는 자기 친구가 되어야 한다고 그러더군요. 그게 바로 당신이었어요. 당신의 길은 평탄치 않았으나 우리는 당신을 믿었어요. 언젠가 방학 때 막스하고 다시 만난 적이 있지요? 당신이 열여섯 살쯤 되었을 때였어요. 막스가……."

나는 부인의 말을 가로막았습니다.

"아, 막스가 그런 말까지 하다니! 저에게는 그 때가 가장 비참했던 시절이었습니다."

"그래요, 막스가 그러더군요. '지금 싱클레어는 가장 어려운 과제를 앞에 놓고 있어요. 그는 또 한 번 집단 속으로 도피하려고 애쓰고 있어요. 하지만 뜻대로 되지는 않을 거예요. 그의 표시는 감춰져 있지만, 그것이 그를 이끌고 있어요.'라고 말이에요. 그렇지 않았어요?"

"네, 바로 그랬어요. 그 후 저는 베아트리체를 발견했고, 그 후에는 정신적인 지도자를 만났습니다. 그의 이름은 피스토리우스였는데, 그 때에야 비로소 저는 어째서 나의 어린 시절이 그처럼 막스와 결합되어 있었고, 왜 그에게서 놓여날 수 없었던가를 분명히 알게 되었습니다. 부인, 아니 어머니, 그 때 저는 자살하는 수밖에 없다고 생각했습니다. 삶을 살아간다는 것이 누구에게나 다 그렇게 힘들고 어려운 것인가요?"

부인은 공기처럼 가벼운 손으로 내 머리카락을 쓰다듬었습니다.

"태어난다는 일은 언제나 어려운 거예요. 새가 알을 깨고 나오느라 애쓰는 것을 알지요? 기억을 한번 더듬어 봐요. 그 길이 그렇게도 어려웠던가, 단지 어렵기만 했던가 하고 말이에요. 더러는 아름다운 때도 있지 않았나요? 그보다 더 아름답고 안락한 길이 과연 있었을까요?"

"어려웠어요."

나는 꿈속에서처럼 말했습니다.

"너무나 힘이 들었습니다. 그 꿈을 꾸기 전까지는요."

부인은 고개를 끄덕이고 나서 나를 뚫어지게 바라보았습니다.

"맞아요. 사람은 자기의 꿈을 찾아야 해요. 그러면 앞으로 나아가는 길도 편안해지지요. 그렇더라도 그 꿈이 언제까지나 계속될 순 없어요. 어떤 형태의 꿈으로든 바뀌게 되죠. 그러니 어떤 꿈이든 그것을 붙잡아 두려고는 하지 말아요."

나는 크게 놀랐습니다.

'이 말은 내게 하는 경고일까? 아니면 방어일까?'

그러나 그런 것은 아무래도 좋았습니다. 나는 목적을 묻지 않고 부인을 따르고 싶었습니다.

"모르겠어요, 저의 꿈이 얼마나 오래 계속될지를요. 저는 그 꿈이 영원했으면 좋겠다고 생각하지만. 이 새 그림 밑에서 제 운명은 어머니처럼, 사랑하는 사람처럼 저를 맞아 주었습니다. 저는 이 운명의 것일 뿐 그 누구의 것도 아닙니다."

"그 꿈이 당신의 운명으로 있는 한 당신은 그 꿈에 충실해야 해요."

부인은 진지한 태도로 충고했습니다.

어떤 슬픈 느낌, 그리고 이 매혹된 시간에 죽고 싶다는 갈망이 나를 사로잡았습니다. 나의 두 눈에서는 눈물이 거침없이 흘러내렸습니다.

'눈물을 흘려 본 지가 얼마나 오래되었는가!'

나는 얼른 몸을 돌려 창가로 걸어가 젖은 눈으로 화분을 바라보고 있었습니다. 눈물에 젖은 눈을 그녀에게 보이고 싶지 않았기 때문입니다.

등뒤에서 그녀의 목소리가 들려왔습니다. 그것은 차분한 목소리였지만, 술잔에 넘쳐 흐르는 포도주처럼 부드러움이 담겨 있었습니다.

"싱클레어, 이런, 어린애로군요. 당신의 운명은 분명 당신을 사랑하고 있어요. 당신이 그것에 충실하기만 하면, 그 운명은 당신의 꿈처럼 언젠가는 완전히 당신의 것이 될 거예요."

나는 간신히 얼굴을 돌려 부인을 바라보았습니다. 부인이 내게 손을 내밀었습니다.

"내게 몇 명의 친구가 있어요."

그 여자는 미소를 지으면서 말했습니다.

"아주 가까운 친구들인데, 그들은 나를 에바라고 불러요. 원한다면 나를 그렇게 불러도 좋아요, 싱클레어."

부인은 나를 문간으로 데리고 가더니 문을 열고 정원을 가리켰습니다.

"저기에 가면 막스를 만날 수 있을 거예요."

나는 큰 나무 아래에 마비된 듯이 서 있었습니다. 깨어 있는 건지 꿈을 꾸고 있는 건지 알 수가 없었습니다. 나뭇가지에서 빗방울이 가볍게 떨어졌습니다. 나는 강을 따라 펼쳐져 있는 정원으로 걸어 들어갔습니다.

마침내 나는 데미안을 발견했습니다. 그는 문을 열어 놓은 정자 안에서 웃통을 벗고 권투 연습을 하고 있었습니다.

나는 깜짝 놀라 그 자리에 우뚝 서고 말았습니다. 데미안은 멋있게 보였습니다. 떡 벌어진 넓은 가슴, 단단하고 남성적인 이마, 팽팽한 근육을 가진 팔은 굵고 힘차 보였습니다. 그리고 허리, 어깨, 팔꿈치의 부드러운 동작은 마치 흐르는 샘물 같았습니다.

"데미안!"

큰 소리로 그의 이름을 불렀습니다.

"거기서 무얼 하는 거야?"

그는 쾌활하게 웃었습니다.

"연습 중이야. 일본인 친구와 권투 시합을 약속했어. 그 친구는 고양이처럼 재빠르고 빈틈이 없어. 하지만 난 지지 않을 거야. 물론 지금은 그에게 뒤지고 있지만."

그는 셔츠와 바지를 입었습니다.

"어머니를 만나 봤니?"

"그래, 데미안. 정말 훌륭한 분이셔! 에바 부인! 정말 그분에게 잘 어울리는 이름이야. 네 어머니는 마치 모든 존재의 어머니 같으신 분이야."

그는 내 얼굴을 잠시 동안 유심히 바라보았습니다.

"그 이름을 벌써 알고 있어? 자랑스럽게 생각해! 네가 처음이야. 처음 본 사람에게 어머니가 직접 이름을 말한 적은 여태 없었거든."

그 날부터 나는 그 집을 아주 자연스럽게 드나들었습니다.

멀리서 그 집 정원의 키 큰 나무들이 보이기만 해도 나는 금세 마음이 풍요로워지고 행복해졌습니다.

밖에는 '현실'이 있었고, 거리와 집들, 사람들과 사회 제도가 있었으며, 도서관과 강의실이 있었습니다. 그러나 이 안에는 사랑과 영혼이 있었고, 동화와 꿈이 존재하고 있었습니다.

그렇다고 해서 우리가 세상을 등지고 살았다는 말은 아닙니다. 우리는 세상과의 경계선에서가 아니라, 단지 보는 방법에 따라 분리되고 있을 뿐이었습니다.

오랫동안 고독하게 지내온 나는, 완전한 고독을 맛본 사람들을 친구로 사귈 수 있었습니다. 나는 이제 행복한 사람의 식탁이나 명랑한 자들의 축제를 부러워하지 않아도 되었고, 다른 사람들의 공동 생활을 바라보았을 때도 결코 질투하거나 향수를 갖지 않았습니다.

그리고 나는 서서히 '표시'를 몸에 지니고 있는 사람들의 비밀을 알게 되었습니다. 우리들 표시를 가진 사람들이 세상에서 이상하게 보여지고, 위험한 사람들로 통하는 것은 당연한 것이었습니다. 우리는 깨어난 자, 또는 깨어나고 있는 자들로서 우리의 노력은 완전하고 지속적으로 깨어 있음을 지향하는 데 있었습니다.

에바 부인과 데미안과 나 이외에도 무척 다양한 형태의 탐구자들이 우리들의 세계에 속해 있었습니다. 그들 중의 많은 사람들이 특별한 길을 걷고 있었으며, 이상야릇한 목적이나 의무에 매달려 있었습니다.

그 중에는 점성술사와 카발라 교도도 있었고 톨스토이 백작의 숭배자도 있었으며, 온갖 종류의 부드럽고 수줍어하며 상처 받기 쉬운 사람들, 새 종파의 신봉자, 인도의 수신법을 닦고 있는 사람, 채식주의자 등이 있었습니다. 그들과 우리에게 공통점이 있다면 다만 각자의 비밀인 삶의 꿈을 존중한다는 점뿐이었습니다.

우리는 현재의 유럽에 대해서도 의견을 주고받았는데, 한결같이 유럽은 전세계를 가진 대신 영혼을 잃었다며 지금 있는 것의 파괴와 새로운 것의 탄생을 예감했습니다.

데미안은 가끔 내게 이렇게 말했습니다.

"무엇이 올 것인가는 상상할 수 없어. 유럽의 영혼은 한없이 오랫동안 묶여 있던 짐승이야. 그것이 놓여 날 때 최초의 행동은 결코 좋은 일이 아닐 거야. 봐, 모든 인간은 그들의 이상이 위협받고 있을 때면 믿을 수 없을 정도의 일을 준비하지. 그러나 새롭고, 어쩌면 위험한 움직임이 문을 두드릴 때에는 아무도 없어. 그 때 거기에 같이 있어야 할 사람들이 바로 우리야. 바로 그러한 때를 위해 우리가 선택된 거야. 마치 카인이 공포와 증오를 일으키기 위해서, 그리고 당시의 인류를 좁고 목가적인 전원으로부터 위험한 광야로 몰아내기 위해서 점찍혀 있던 것처럼. 인류의 역사에서 활약했던 모든 사람들은 누구나 운명을 받아들일 준비가 되어 있었으므로 유능했고, 또 그 효과를 거두었지. 그것은 모세나 부처나 나폴레옹이나 비스마르크……. 어느 경우에도 다 들어맞아. 어쨌든 그들은 마음의 준비가 되어 있었고, 그래서 새로운 발전 단계를 넘어서 그들의 종족을 살릴 수 있었던 거야. 우리는 그걸 알지. 그러니까 우리도 준비가 되어 있어야 해.”

에바 부인도 종종 함께 있었으나, 부인 자신은 이런 태도로 함께 이야기하지는 않았습니다. 부인은 자신의 생각을 말하는 누구에게나 이해와 신뢰로 가득 찬 방청자였으며, 메아리였습니다. 마치 모든 생각들이 부인에게서 나와 부인에게로 돌아가는 느낌이었습니다.

부인 옆에 앉는 것, 때때로 부인의 목소리를 듣는 것, 부인을 에워싸고 있는 성숙한 영혼의 분위기에 참가하는 것이 나의 행복이었습니다.

나는 얼마 동안 우리가 낮에 나누었던 대화의 복사판 같은 꿈을 꾸었습니다. 나는 전세계에 소동이 일어났을 때 혼자서, 또는 데미안과 함께 긴장해서 운명을 기다리고 있는 꿈을 꾸었습니다. 운명은 가려져 있었으나 어딘지 에바 부인의 모습을 하고 있었습니다. 부인으로부터 선택받든가, 또는 내던져지든가, 그것이 나의 운명이었습니다.

때때로 부인은 웃으면서 말하곤 했습니다.

“당신의 꿈은 완전하지 않아요. 싱클레어, 당신은 가장 훌륭한 것을 잊고 있어요.”

그러면 다시 그것이 생각났고, 내가 어떻게 그것을 잊을 수 있었는지 알 수 없었습니다.

때때로 나는 불만을 느꼈고, 어떤 갈망과 욕구로 괴로워했습니다.

나는 부인 옆에 앉아 있으면서도 부인을 끌어안지 못하는 상황을 더이상 견딜 수 없다고 생각했습니다. 이것마저도 부인은 당장 알아차렸습니다. 한번은 여러 날 동안 방문하지 않고 있다가 혼란된 마음으로 다시 찾아갔을 때, 부인은 내게 이렇게 말했습니다.

"당신은 스스로 생각해서 가망 없는 소원에 매달려서는 안 돼요. 나는 당신이 무엇을 바라는지 알고 있어요. 당신은 그 소원을 포기하든지 아니면 완전하게 원해야 합니다. 그 소원이 성취되기를 마음속으로 간절히 바란다면, 그 소원은 성취될 수도 있을 거예요. 그러나 당신은 그것을 갈망했다가도 다시 후회하며 공포를 느낍니다. 그 모든 것은 극복돼야 해요. 당신에게 들려주고 싶은 동화가 있어요."

그러면서 부인은 별을 사랑하게 된 한 젊은이에 관한 이야기를 들려주었습니다.

"젊은이는 바닷가에 서서 자기 마음을 별에게 보냈어요. 그러나 별이 인간의 품에 안겨질 수 없다는 것을 그도 알고 있었어요. 그는 실현될 가망도 없는데 별을 사랑하는 것이 자기의 운명이라고 생각했어요. 어느 날 밤, 그는 다시 바닷가에 서서 별에 대한 사랑에 불타고 있었어요. 그리고는 별을 향해 허공으로 몸을 솟구쳤죠. 그러나 그 순간 그는 '아, 이건 정말 불가능한 일이야.' 라고 생각했고, 바로 바닷가에 떨어져 산산조각이 나고 말았어요. 그는 사랑하는 법을 알지 못했던 거예요. 만일 그가 몸을 솟구친 순간에 자기 사랑에 대한 확신만 가지고 있었다면, 그는 하늘로 날아 올라가 별과 결합되었을 거예요."

이야기를 마친 부인은 잠시 나를 바라보며 이렇게 말했습니다.

"사랑은 구걸해서는 안 돼요. 또 요구해서도 안 되고요. 무엇보다 사

데미안 ▪177

랑에 대한 믿음과 확신을 가질 수 있어야 해요. 그러면 그 사랑은 끌려가는 것이 아니라, 스스로 이끄는 것이 되지요. 싱클레어, 당신의 사랑은 나에 의해서 이끌려진 것이에요. 언제든지 그 사랑이 나를 이끈다면 나는 가겠어요. 내 말 이해하겠어요?"

에바 부인에 대한 사랑은 내 생활의 중심이었습니다. 그러나 그녀는 매일 다르게 보였습니다. 때때로 나는 그녀가 내 내부의 상징에 불과하며, 나를 보다 깊게 내 속으로 인도해 가려는 것이 틀림없다고 느끼곤 했습니다.

때때로 나에게는 그녀의 말이, 다급한 내 문제에 대한 무의식의 대답 같이 들렸습니다. 또 어떤 때는 그녀가 정말로 거기 존재하는 것인지, 또는 꿈인지를 알 수 없을 때도 있었습니다.

나는 부모님과 함께 보낼 성탄절이 다가오는 것이 두려웠습니다. 그것은 두 주일 동안 에바 부인 없이 지내는 고통을 뜻하는 것이었기 때문입니다. 그러나 그것은 고통이 아니었습니다. 집에 있으면서 그녀를 생각하는 것은 참으로 멋진 일이었으니까요.

어느 이른 봄날이었습니다. 나는 그 날을 결코 잊지 못합니다.

내가 현관으로 들어가자 창문은 열려 있었고, 따스한 바람이 히아신스의 짙은 향기를 방안 가득 뿌리고 있었습니다.

아무도 보이지 않았으므로 나는 계단을 올라가 막스 데미안의 서재로 갔습니다. 나는 가볍게 노크를 한 다음, 늘 그랬듯이 대답을 기다리지 않고 들어갔습니다.

방안은 어두웠으며 커튼이 모두 내려져 있었습니다. 데미안이 화학 실험실로 쓰고 있는 옆방으로 가는 문도 열려 있었습니다.

거기서부터 비구름을 뚫고 비치는 태양의 밝고 흰 빛이 흘러나왔습니다. 나는 아무도 없는 줄 알고 커튼을 젖혔습니다.

그 때 나는 커튼을 내린 유리창 가까이 앉아 있는 막스 데미안을 보았습니다.

그는 낮은 의자 위에 웅크리고 있었는데, 이상하게도 달라져 있었습니다. 문득 내 속에서 이런 목소리가 들려왔습니다.

'전에도 이런 데미안을 본 일이 있지!'

그는 팔을 빳빳이 늘어뜨리고 손은 무릎 위에 놓고 있었습니다. 약간 앞으로 기울인 얼굴은 죽은 듯이 보였으며, 눈에는 작은 빛이 마치 한 조각의 유리처럼 빛나고 있었습니다. 창백한 얼굴은 몹시 굳어져 있어, 마치 호흡이 멈춘 것처럼 보였습니다.

그의 이런 모습을 예전에도 한 번 본 일이 있었습니다. 그의 얼굴은 하나도 달라진 것이 없었습니다.

나는 공포에 사로잡혀서 소리 없이 방을 빠져나와 계단을 내려갔습니다.

현관에서 나는 에바 부인을 만났는데, 그녀 역시 평소와는 다르게 창백하고 피곤한 모습을 하고 있었습니다.

그늘이 창밖을 지나갔습니다. 눈부시던 태양이 갑자기 사라져 버렸습니다.

"데미안에게 갔었어요."

나는 빠른 어조로 속삭이듯 말했습니다.

"무슨 일이 있었나요?"

"그가 잠자고 있는 건지, 아니면 자기 내부에 잠겨 있는 건지 잘 모르겠어요. 나는 그가 전에도 한 번 그런 모습을 하고 있는 것을 보았어요."

"그를 깨우지는 않았죠?"

그녀는 재빨리 물었습니다.

"아뇨. 그는 내가 다가오는 소리를 듣지 못했어요. 나는 곧바로 밖으로 나왔으니까요. 그런데 어떻게 된 거죠? 말씀해 주세요."

그녀는 손등으로 이마를 문질렀습니다.

"걱정하지 말아요, 싱클레어. 그에게는 아무 일도 안 일어나요. 잠시 명상에 잠긴 것뿐이에요. 얼마 안 가 깨어날 거예요."

그녀는 일어섰습니다. 그리고 비가 내리기 시작하는 정원으로 나갔습니다. 나는 같이 가서는 안 된다는 것을 느꼈습니다. 그래서 나는 현관에서 왔다갔다하며 짙은 히아신스 향기를 맡았고, 문 위에 걸린 내 새의 그림을 응시했습니다. 그 집은 그날 아침에 이상한 그림자와 불안한 기운에 휩싸여 있었습니다.

'도대체 무슨 일이 일어난 것일까?'

에바 부인은 얼마 안 있어 들어왔습니다. 빗방울들이 그녀의 검은 머리에 매달려 있었습니다. 그녀는 안락의자에 앉았습니다. 그녀의 눈은 밝고 조용했으나, 거기에는 피곤이 깃들여 있었습니다.

"그에게 가볼까요?"

나는 속삭이듯 말했습니다.

그러자 그녀는 미소를 지어 보이며 말했습니다.

"어린애같이 굴지 말아요, 싱클레어."

그녀는 갑자기 내면의 둑을 무너뜨리기라도 하려는 듯이 큰 소리로 타일렀습니다.

"지금은 가세요. 그리고 나중에 다시 와요. 지금은 당신과 얘기할 수가 없어요."

나는 그 집을 나와 산으로 갔습니다. 가늘게 내리는 비를 고스란히 얼굴에 맞았습니다. 구름이 마치 공포에 휩싸인 듯 지나갔습니다. 밑에는 바람이 거의 없었고, 위에서는 폭풍우가 일고 있었습니다. 태양이 강철같은 잿빛 구름을 뚫고 몇 번이나 창백하게 비쳤습니다.

그 때 하늘에 노란 구름이 흘러오더니, 잿빛 구름에 막혔습니다. 바람이 몇 초 동안 노랑과 파랑으로부터 거대한 새 한 마리를 만들었고, 그 새는 순식간에 하늘 저멀리 사라져 버렸습니다. 곧 폭풍우가 휘몰아쳤고, 그 후 태양이 다시 창백하게 빛나고 있었습니다.

몇 시간 후 내가 비에 젖어서 그 집으로 돌아갔을 때, 데미안이 직접 대문을 열어 주었습니다. 그는 나를 자기 방으로 데리고 올라갔습니다. 실험실에는 가스등이 타고 있었고, 종이가 여기저기 널려 있었습니다. 그는 연구를 하고 있었던 모양입니다.

"앉아."

그가 자리를 권했습니다.

"피곤할 테니까. 날씨가 아주 나빠졌군. 밖에서 돌아온 너를 보니 알겠어. 홍차가 곧 올 거야."

"오늘은 무언지 좀 이상해."

나는 주저하면서 말을 꺼냈습니다.

"이까짓 폭풍우 때문만은 아닐 거야."

그는 살피듯이 나를 보았습니다.

"무엇을 보았니?"

"응, 구름 속에서 잠시 동안 뚜렷이 그 그림을 보았어."

"무슨 그림?"

"새!"

"그 새 말야? 네 꿈의 새?"

"그래, 그 새였어. 노란빛의 거대한 그 새는 검푸른 하늘 속으로 날아갔지."

데미안은 크게 숨을 쉬었습니다.

그 때 노크 소리가 났습니다. 늙은 하녀가 홍차를 가져왔습니다.

"마셔, 싱클레어. 난 네가 그 새를 우연히 본 것이 아니라고 생각해."

"그래, 그런 것을 어떻게 우연히 볼 수가 있단 말이야?"

"맞았어. 그것은 무언가를 뜻하고 있어. 무얼 뜻하는지 알겠어?"

"몰라. 다만 어떤 절박한 감동 같은 것을 느꼈을 뿐이야. 글쎄, 운명에 한 걸음 다가갔다고나 할까? 내 느낌에 그것은 우리들 모두와 관련이 있는 것 같았어."

그는 힘있는 걸음으로 왔다갔다했습니다.

"운명에의 한 걸음!"

그는 큰 소리로 외쳤습니다.

"그와 똑같은 것을 나는 어젯밤 꿈에서 보았지. 그리고 어머니도 그

런 예감을 느꼈고, 똑같은 말을 하셨지. 내가 사다리를 타고 나무나 탑으로 올라가는 꿈이었어. 꼭대기에 올라갔을 때, 나는 나라 전체를 보았어. 그것은 커다란 평야였는데, 도시와 촌락이 불타고 있었어. 나는 아직 모든 것을 말할 수 없어. 아직은 모든 것이 뚜렷하지 않아."

"그 꿈을 너 자신과 관련해서 해석했니?"

나는 물었습니다.

"나와 관련해서? 물론이지. 사람은 절대로 자기 자신과 관련 없는 꿈을 꾸는 법은 없으니까. 그러나 그것은 나한테만 관계된 것은 아니었어. 네 말이 맞아. 싱클레어, 우리의 세계가 부패했다는 것은 누구나다 아는 얘기지. 그러나 그것만으로 세계의 몰락 같은 것을 예언할수는 없어. 그렇지만 나는 몇 년 동안 꿈을 꾸었고, 그 꿈으로부터 어떤 결론을 얻을 수 있었어. 어쨌든 낡은 세계의 붕괴가 다가오는 것이 느껴져. 싱클레어! 세계는 새로워지려고 해. 이미 죽음의 냄새가 나. 죽음 없이 새로운 것은 오지 않으니까. 그것은 아주 끔찍할 거야."

나는 몹시 놀라며 그를 응시했습니다.

"네 꿈의 나머지 부분도 얘기해 줄 수 있니?"

나는 조심스럽게 부탁했습니다.

그는 고개를 흔들었습니다.

"그럴 순 없어."

그 때 문이 열리고, 에바 부인이 들어왔습니다.

"여기 있었군! 그런데 왜들 그런 표정을 하고 있지?"

그녀는 이제 신선해 보였고, 조금도 피로해 보이지 않았습니다.

데미안은 그녀에게 미소를 지어 보였습니다. 그녀는 마치 겁을 먹은 아이들 곁에 다가오는 어머니처럼 우리 옆으로 왔습니다.

"어머니, 우리는 이 새로운 징조에 대해 풀이해 봤어요. 우리가 알아야 할 것을 경험하게 될 것 같아요."

나는 기분이 좋지 않았습니다. 그들에게 작별인사를 하고 나올 때, 나는 문득 히아신스에서 시체 냄새 같은 것을 느꼈습니다. 어두운 암흑의 그림자가 우리 머리 위에 던져진 것입니다.

종말의 시작

나는 여름 학기에도 그 도시에 계속 머물러 있었습니다.

방학이 되어도 고향에 내려가지 않고, 데미안과 에바 부인과 함께 지냈습니다. 우리들은 거의 언제나 강가의 정원에서 시간을 보냈습니다. 권투 시합에서 보기 좋게 진 일본인은 가고 없었으며, 톨스토이 숭배자도 가 버렸습니다. 데미안은 승마를 했습니다.

나는 자주 그의 어머니와 단둘이 있었습니다.

때때로 나는 이 평화스럽고 꿈 같은 나날에 대해서 의아한 느낌을 가졌습니다.

나는 혼자 있는 것, 체념을 연습하는 것, 고뇌와 씨름하는 것이 습관이 되어 있었으므로, 도시에서 보낸 그 몇 달 동안이 나에게는 마치 안락하고 황홀하며, 아름답고 유쾌한 꿈속의 섬같이 생각되었습니다.

그러나 나는 충족된 쾌감 속에서 살도록 운명 지워진 사람이 아니었습니다. 나는 이 행복이 그리 오래 계속되지 못할 것임을 알기에, 가끔씩 마음이 어두워지는 것을 느꼈습니다.

나에게는 고통이 필요했습니다. 언젠가 이 황홀한 사랑의 환상으로부터 깨어나서, 다시 차가운 세계 속에 완전히 혼자 남게 되리라는 것을 느꼈습니다.

여름의 몇 주일은 가볍고 빠르게 흘러갔습니다. 학기는 벌써 끝나가고 있었고, 이별의 시간이 다가오고 있었습니다. 이것이 끝나고 나면, 나는 다시 나 자신과 싸워야 하고, 동경에 싸여 꿈을 꾸면서 혼자 있어야 하는 것입니다. 이러한 생각이 들자, 에바 부인에 대한 사랑이 더욱 고통스럽게 불타올랐습니다.

'아, 나는 이제 부인을 더 이상 못 보게 되겠구나. 부인의 힘차고 보기 좋은 걸음걸이와, 그녀가 내 책상 위에 갖다 놓은 꽃을 보지 못하게 되는구나.

나는 무엇을 이룬 것일까? 나는 그녀를 얻기 위해서 투쟁하고, 그녀를 영원히 내 곁에 끌어오는 대신, 그저 이 쾌적한 분위기에서 몸을 흔들고만 있지 않았나!'

그러자 그녀가 들려준 순수한 사랑에 관한 이야기들이 떠올랐습니다.

그것은 수백 가지 섬세한 충고의 말, 수백 개의 나직한 유혹, 또는 약속의 말들이었던 것입니다.

그런데 나는 그 말을 어떻게 해보지도 못한 채 시간만 보냈던 것입니다. 나는 방 한가운데 서서 나의 모든 의식을 집중하여 에바 부인을 생각했습니다.

나는 그녀에게 나의 사랑을 느끼게 하려고, 또 그녀를 나에게로 끌어당기기 위해서 내 영혼의 힘을 집중시키려고 했습니다. 그녀는 내게로 와야만 했습니다.

나는 손과 발이 싸늘해질 때까지 마음을 긴장시켰습니다. 나는 서서히 힘이 빠져나가는 것을 느꼈고, 잠시 동안 내 속에서 무언가가 조그맣고 단단하게 응결되고 있음을 느꼈습니다.

그것은 밝고 차가운 무엇이었습니다. 나는 그것이 나의 자아라는 것을 깨달았습니다.

끔찍한 긴장에서 깨어났을 때, 나는 내게로 무엇이 다가오고 있는 것을 깨달았습니다.

나는 죽을 듯이 피로했으나, 그녀의 도착을 애타게 기다리고 있었습니다.

그 때 말발굽 소리가 멀리서 또각거리며 울려오더니 갑자기 멎었습니다.

나는 창가로 달려갔습니다. 데미안이 말에서 내리고 있었습니다.

나는 곧장 뛰어 내려갔습니다.

"무슨 일이 일어났어, 데미안? 어머니에게 무슨 일이 일어난 것은 아니지?"

그는 나의 말을 듣고 있지 않았습니다. 그의 얼굴은 몹시 창백했습니다. 땀이 그의 이마에서 뺨으로 흘러내리고 있었습니다.

그는 말의 고삐를 정원의 울타리에 매고, 내 팔을 잡고 함께 걸어 내려갔습니다.

"벌써 소식을 들었니?"

나는 아무것도 몰랐습니다.

데미안은 나의 팔을 누르면서 동정에 넘친 이상한 시선으로 나를 보았습니다.

"그래, 드디어 시작된 거야. 러시아와의 팽팽한 긴장 관계를 너도 알고 있었잖아."

"뭐라고? 그럼 전쟁이 일어났단 말이야? 그런 건 생각도 못했는데."

그는 가까이에 아무도 없다는 걸 알면서도 낮은 목소리로 말했습니다.

"아직 선전포고는 하지 않았어. 그러나 곧 전쟁이 일어날 거야. 믿어도 좋아. 네게 말하지는 않았지만, 사실 난 그 후로도 세 번이나 그런 징조를 보았어. 그것은 세계의 몰락도, 지진도, 혁명도 아니고 전쟁이었던 거야.

아마 큰 전쟁이 될지도 몰라. 그러나 그것도 다만 시작에 불과해. 새로운 것이 시작되고 있다고. 넌 앞으로 어떻게 할 거니?"

나는 깜짝 놀랐습니다. 나에게는 그 모든 것이 아직 낯설고 비현실적인 것으로 생각되었습니다.

"모르겠어, 너는?"

그는 어깨를 으쓱하며 물었습니다.

"소집영장이 나오면 나는 나갈 거야. 나는 소위야."

"네가? 그런 줄 조금도 몰랐는데."

"그래. 그럴 거야. 그것이 바로 내 적응 방법이지. 눈에 띄지 않기 위해 늘 남들보다 많이 노력하지. 아마 일주일 내에 난 일선에 가 있게 될 거야."

"맙소사!"

"싱클레어, 감상적으로 그것을 파악해서는 안 돼. 살아 있는 사람에게 총탄을 쏘라고 명령하는 것은 그리 유쾌한 일은 아니지. 그렇지만 그건 부차적인 일이야. 우리 모두는 지금 커다란 수레바퀴 속에 들어가게 돼. 너도 마찬가지야. 너에게도 곧 영장이 나올 거야."

"그럼, 네 어머니는?"

비로소 나는 15분 전에 있었던 일이 생각났습니다.

나는 불과 몇 분 전만 해도 달콤한 모습을 불러오기 위해서 온갖 힘을 다 집중하고 있었는데, 지금은 운명이 위험한 잿빛 가면을 쓰고 새로운 모습으로 나를 보고 있는 것입니다.

"우리 어머니? 아, 우리 어머니에 대해서는 조금도 염려할 필요가 없어. 어머니는 안전해. 아마 지금 이 세상의 누구보다도 안전할 거야. 너, 우리 어머니를 좋아하고 있지?"

"그걸 알고 있었니, 데미안?"

그는 아주 밝고 명쾌하게 웃었습니다.

"물론 알고 있었지. 어머니를 사랑하지 않고 에바 부인이라 부른 사람은 여태까지 없었어. 그런데 어떻게 된 거야? 너는 오늘 어머니를 불렀지? 안 그래?"

"그래, 어머니를 불렀어. "

"어머니는 그것을 느꼈어. 그래서 나를 보냈어, 너에게 가 보라고. 나는 마침 어머니에게 러시아에 관한 얘기를 하고 있었지."

우리는 돌아섰습니다. 이제 더 할 말이 없었습니다. 그는 곧 말 위에 올라탔습니다.

나는 이층의 내 방에 와서야 비로소 내가 데미안의 이야기 때문에,

또는 긴장 때문에 얼마나 피로해 있는지를 느꼈습니다.

그러나 에바 부인은 내 마음속의 소리를 들은 것입니다.

'아, 얼마나 이상한 일들인가! 이제 전쟁이 일어날 것이다. 우리가 그렇게 자주 얘기했던 것이 오는 것이다. 세계의 조류가 우리 곁을 그냥 흘러 지나치는 것이 아니라, 우리의 심장 한가운데를 흐른다는 것은 얼마나 이상한 일인가! 데미안의 말이 옳아. 이것은 감상적으로 받아들일 문제가 아니다. 내가, 이 고독한 운명의 내가 그처럼 많은 사람들과, 아니 전세계와 함께 체험해야 한다니!'

나는 각오가 되어 있었습니다. 저녁때 시내로 나갔는데, 골목 안은 야릇한 흥분으로 들끓고 있었습니다. 어디서나 '전쟁' 이라는 말이 들렸습니다.

나는 에바 부인 집에 가서 마당의 정자에서 함께 저녁식사를 했습니다. 내가 유일한 손님이었습니다. 그러나 아무도 전쟁에 관해 말하지 않았습니다.

다만 내가 떠나기 직전에 에바 부인이 이렇게 말했을 뿐입니다.

"싱클레어, 당신은 오늘 나를 불렀어요. 내가 왜 직접 가지 않았는지 알죠? 그러나 당신이 날 부를 줄 안다는 것을 잊지 마세요. 그리고 표시를 가진 누군가가 필요해지면 언제든지 다시 부르세요."

그녀는 일어나서 어둑어둑한 마당을 앞장서서 걸어갔습니다.

이 신비스러운 여자는 말없는 나무들 사이를 위엄 있게 걸어갔습니다. 그녀의 머리 위에서는 수많은 별들이 조그맣게 빛을 발하고 있었습니다.

드디어 종말이 시작되었습니다. 사태는 급박하게 진전되었습니다. 전쟁이 시작되었고, 은회색 외투를 입은 군복 차림의 데미안도 떠났습니다. 나는 그의 어머니를 집까지 바래다 주었고, 얼마 안 있어 나도 그녀와 작별했습니다.

모든 사람들이 형제가 된 것 같았습니다. 그들은 조국과 명예를 생각했으나, 그것은 사실 우리들 모두가 잠깐 동안 드러난 '운명'의 모습을 본 것에 지나지 않았습니다.

젊은이들이 병사에서 나와 기차를 탔습니다. 나는 많은 사람들의 얼굴에서 표시를 보았습니다. 그것은 우리의 표시가 아니라, 사랑과 죽음을 뜻하는, 아름답고 권위 있는 표시였습니다.

나도 생전 모르는 사람들로부터 포옹을 받았습니다. 나는 그것을 이해했고, 기꺼이 응했습니다. 그들이 그렇게 하는 것은 일종의 도취에서였습니다. 그러나 그 도취는 성스러웠습니다.

내가 전쟁터로 나갔을 때에는 그럭저럭 겨울이었습니다. 나는 처음에는 끊임없는 사격 때문에 흥분했으나, 곧 모든 것에 환멸을 느꼈습니다.

전에는 왜 인간이 어떤 이상을 위해서 살지 못하는지를 생각해 왔으나, 지금은 모든 사람들이 이상을 위해서 죽을 수도 있음을 보았습니다.

그러나 그것은 스스로 선택한 이상이 아니라, 공동의 이상이어야 했습니다.

깊은 곳에서 무언가가 생성되고 있었습니다. 그것은 새로운 인류와도 같은 무엇이었습니다. 나는 많은 사람들을 만날 수 있었고, 그 중 대부분이 내 옆에서 죽어 갔습니다.

그들은 살육과 파괴가 그들 자신과 관계없다는 것을 직감적으로 깨닫고 있었습니다.

대상도 목적과 마찬가지로 완전히 우연한 것이었습니다. 그 피비린내 나는 작업은 새로운 탄생을 위해서 파괴하는 분열된 영혼에 불과했습니다.

거대한 새가 알에서 뛰쳐나오려고 안간힘을 쓰고 있었습니다. 알은 세계였고, 세계는 파괴되어야만 했습니다.

어느 날, 나는 우리가 점령한 어느 농가 앞에서 보초를 서고 있었습니다.

나는 하루 종일 불안했습니다. 무엇인지 모를 어떤 근심이 나를 방해했습니다. 나는 어두운 초소에서 여태까지의 생활과 에바 부인, 그리고 데미안을 절실히 생각했습니다.

나는 무감각해진 나의 피부와 내면의 맑게 깬 의식 속에서 지도자가 근처에 있다는 것을 느꼈습니다.

구름 속에서는 커다란 도시가 보였습니다. 그 도시에서는 수백만 명의 사람들이 쏟아져 나와 넓은 지역으로 흩어져 갔습니다.

그들의 한복판으로 거대한 신의 모습을 한 존재가 머리에 빛나는 별을 달고, 에바 부인의 표정을 한 채 걸어왔습니다.

사람들은 그 여자의 모습 속으로, 마치 동굴 속으로 사라지듯 들어가서 없어져 버렸습니다.

여신은 땅에 몸을 구부렸습니다. 순간 그 여자의 이마 위의 점이 밝은 빛을 발했습니다. 어떤 꿈이 그 여자를 억누르는 것 같았습니다. 그 여자는 눈을 감았고, 커다란 얼굴은 고통으로 일그러졌습니다. 갑자기 그 여자는 소리를 질렀습니다.

그 여자의 이마로부터 수천 개의 빛나는 별이 쏟아져 나와 아름다운 곡선과 반원을 그리면서 검은 하늘을 날았습니다.

그 별 중 한 개가 밝은 음향을 내며 나에게로 날아왔습니다. 마치 나를 찾는 것 같았습니다. 그것은 수천 개의 불꽃으로 갈라지면서 나를 끌어당기더니, 다시 땅바닥에 내던져졌습니다. 내 위에서 세계가 요란한 소리를 내면서 무너졌습니다.

나는 포플러 나무 옆에서 흙에 파묻힌 채, 상처투성이가 되어 구조되었습니다.

나는 지하실에 누워 있었고, 총탄이 내 위를 날아다녔습니다. 나는 차에 실려 텅 빈 들판 위를 덜그럭거리면서 갔습니다. 거의 언제나 잠들어 있지 않으면, 의식을 잃고 있었습니다.

그러나 깊이 자면 잘수록 무언가가 나를 끌어당기고 있다는 것, 나를 지배하는 어떤 힘을 따라가고 있다는 것을 느꼈습니다.

나는 마구간의 밀짚 위에 누워 있었습니다. 마구간 속은 어두웠는데, 누군가가 내 손을 밟았습니다.

나의 내부는 더 멀리 갈 것을 원했습니다. 그것은 나를 보다 강하게 끌고 갔습니다.

나는 다시 차에 실렸다가, 나중에는 들것 같은 것에 실려 나갔습니다.

나는 점점 강하게 어디로인지 갈 것을 명령받은 것같이 느꼈고, 마침내 그 곳에 가 닿고 싶은 마음 외에는 아무것도 느끼지 못했습니다.

드디어 목적지에 와 닿았습니다. 밤이었습니다. 나는 완전히 의식이 깨어 있었고, 나의 내부에서 강한 인력과 충만함을 느꼈습니다.

나는 어떤 방안에 누워 있었습니다.

나는 주위를 돌아보았습니다. 내 침대 바로 옆에는 또 한 개의 침대가 놓여 있었는데, 그 침대 위에 누가 누워 있었습니다.

그는 고개를 앞으로 내밀고 나를 보았습니다. 그는 이마에 표시를 갖고 있었습니다.

막스 데미안이었습니다.

나는 아무 말도 할 수가 없었습니다. 그도 말을 못 했습니다. 아니, 안했는지도 모릅니다. 그는 다만 나를 바라볼 뿐이었습니다.

나의 얼굴에 등불 빛이 비쳐 흘렀습니다. 그는 나에게 미소를 보냈습니다.

　무한히 긴 시간 동안 그는 계속해서 내 눈 속을 들여다보았습니다. 그는 천천히 나에게로 얼굴을 숙였고, 마침내 우리의 얼굴은 거의 부딪칠 만큼 가까워졌습니다.

　"싱클레어!"

　그는 속삭였습니다.

　나는 그의 말을 알아들었다는 표시로 눈짓을 했습니다.

　"로마!"

　그는 미소지으면서 말했습니다. 그의 입은 내 입 바로 옆에 있었습니다.

　그는 낮은 목소리로 계속 말했습니다.

　"아직도 클로머가 생각나니?"

　나는 눈짓으로 그에게 답했으며, 미소지을 만한 여유도 있었습니다.

　"알겠니, 싱클레어! 내 말 잘 들어! 나는 가야만 해. 너는 언젠가 다시 내가 필요하게 될 거야. 클로머의 일이든, 또는 다른 일이든. 그때는 이미 네가 나를 불러도 지금처럼 말을 타거나 기차를 타고 그렇게 와 줄 수는 없어.

　그 땐 너 자신의 목소리에 귀를 기울여야 해! 그러면 네 마음속에 내가 있다는 걸 알게 될 거야. 그리고 또 한 가지! 이건 에바 부인의 부탁인데, 그녀가 나한테 키스해 주면서, 만약 싱클레어가 불행하게 되거든 자신이 해 주는 거라면서 이 키스를 해 주라고 했어. 눈을 감아, 싱클레어!"

　나는 시키는 대로 눈을 감고, 데미안이 피가 전혀 멎을 것 같지 않은 내 입술에 가볍게 키스하는 것을 느끼며 곧 잠들어 버렸습니다.

　아침에 잠에서 깨어나, 나는 붕대를 갈아야 했습니다.

가까스로 잠에서 깨어나자마자, 나는 얼른 옆자리를 돌아보았습니다. 거기에는 한 번도 본 적이 없는 낯선 사람이 누워 있었습니다.

붕대를 감는 일은 고통스러웠습니다. 이후 나에게 일어난 일들 역시 모두 고통스럽기만 했습니다.

그러나 때때로 나는 열쇠를 발견하고, 나 자신의 어두운 거울 속에 운명의 모습이 어른거리는 것을 들여다봅니다.

그러면 그 검은 거울 위에 나 자신의 모습이, 이제까지 내 친구이며 길잡이였던 데미안을 닮은 나 자신의 모습이 겹쳐 보이는 것입니다.

작품 알아보기
(장편문학)

〈데미안〉은 '에밀 싱클레어의 청년시절 이야기'라는 부제가 붙은 작품으로, 1919년 헤세가 익명으로 발표한 작품이다.

제1차 세계대전이 끝나자, 헤세는 스스로를 반성하고 완전한 무로 돌아가 재출발하기로 결심하는데, 〈데미안〉을 익명으로 출판한 것도 그러한 노력의 일환이었다. 그는 그 때까지 얻은 자신의 명성에 기대지 않고, 본래의 자기로 돌아가고자 했던 것이다.

이 소설은 제1차 세계대전 중에 중상을 입은 싱클레어라는 청년의 수기 형식으로 되어 있다. 싱클레어는 연상의 친구인 데미안(데몬과 같은 뜻으로, '악마에게 홀린 것'이라는 뜻)의 인도를 받아, '이 세상의 인간에게는 자기 자신이 인도하는 길을 가는 것보다 더 어려운 일은 없다'는 사실을 깨닫고, 오로지 내면의 세계로 파고든다. 데미안의 인도로 싱클레어는 스스로의 운명을 개척하고, 자기 자신의 길을 걸어가게 된다.

〈데미안〉은 제1차 세계대전 직후, 패전으로 말미암아 혼미 상태에 빠져 있던 독일의 청년들에게 깊은 감명을 주었으며, 문학계에도 일대 센세이션을 일으켰다.

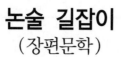

논술 길잡이
(장편문학)

❶ 아래 지문은 싱클레어가 체험하게 되는 '두 세계'를 보여 준다. 밝은 세계와 어두운 세계로 대변되는 이 두 세계의 특징을 비교·논술해 보자.

> 나에게 소년 시절의 종말을 고해 준 감정과 환영은 그리 중요하지는 않습니다.
> 중요한 것은 그 '어두운 세계', '다른 세계'가 다시 생겼다는 것입니다. 예전에는 클로머의 모습이었던 것이 지금은 나 자신 속으로 들어와 버린 것입니다. 그런 까닭에 외부로부터 들어온 '다른 세계'가 다시 나를 다스리게 된 것입니다.

◆밝은 세계:
....
....

◆어두운 세계:
....

논술 길잡이
(장편문학)

❷ 다음은 싱클레어가 클로머에게 괴롭힘을 당하는 장면이
다. 자신의 주위에도 이 같은 친구가 있는지 생각해 보고,
그 친구의 성격이나 행동을 묘사하라.

"웃기는 소리 하지 마! 그따위 넝마 쪼가리 같은 건 너나 가져. 뭐,
컴퍼스? 내 비위, 더 거스르지 마. 알아들었어? 돈을 내놓으란 말야,
돈!"
"그렇지만 난 돈이 한 푼도 없어. 또 돈을 얻을 수도 없어. 그러니
나더러 어떡하란 말야?"
"어쨌든, 내일 2마르크를 가져와. 방과 후에 저 아래 시장에서 기다
리겠다. 알았어? 만약 돈을 갖고 오지 않으면……. 알지?"
"그렇지만 내일 당장 어디서 그 돈을 다 구해? 만약 돈을 구하지 못
하면?"

논술 길잡이
(장편문학)

❸ 아래 그림은 싱클레어가 그린, 새가 알을 깨고 나오는 그림
이다. 이 그림이 상징하는 것은 무엇인지 데미안이 보낸 답
장 속의 '아프락사스'와 관련지어 써 보자.

....

....

....

....

논술 길잡이
(장편문학)

❹ 싱클레어는 에바 부인을 보고, 자신의 꿈이 현실에서 실현된 듯한 기분을 느낀다. 작품에 묘사된 에바 부인의 이미지와, 싱클레어가 부인에게 느끼는 감정을 논술해 보자.

....

....

....

....

❺ 이 작품의 마지막에서 데미안과 싱클레어의 운명은 각각 어떤 방향으로 갈리게 되는지 써 보자.

....

....

....

....

논술 길잡이
(장편문학)

❻ 아래 글을 읽고, '표시를 가진 사람들'이 의미하는 것은 무엇인지 구체적으로 써 보자.

> 그리고 나는 서서히 '표시'를 몸에 지니고 있는 사람들의 비밀을 알게 되었습니다. 우리들, 표시를 가진 사람들이 세상에서 이상하게 보여지고, 위험한 사람들로 통하는 것은 당연한 것이었습니다. 우리는 깨어난 자, 또는 깨어나고 있는 자들로서, 우리의 노력은 완전하고 지속적으로 깨어 있음을 지향하는 데 있었습니다.

....

....

....

....

....

논·술·세·계·대·표·문·학 〈전60권〉

펴 낸 이	정재상
펴 낸 곳	훈민출판사
주　　소	경기도 고양시 덕양구 원당동 416번지
대 표 전 화	(031)962-3888
팩　　스	(031)962-9998
출 판 등 록	제395-2003-000042호